琦君作品集 11

琦君讀書

琦君 著

永恆的容顏——留住琦君的身影

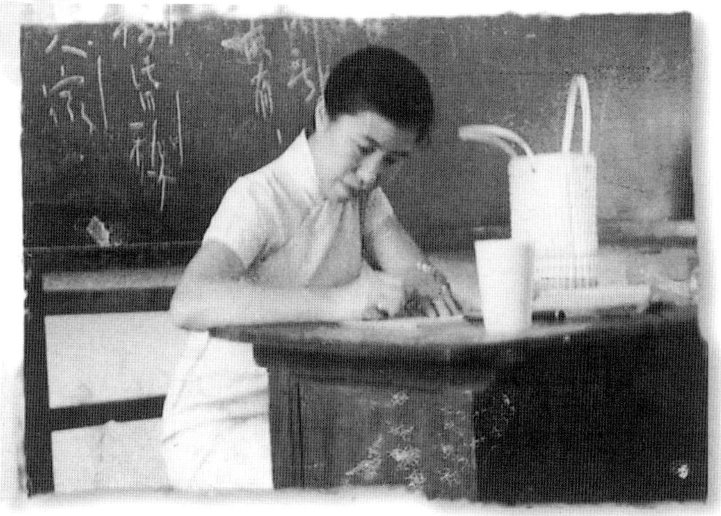

五○年代，琦君與鍾梅音（左）

七○年代琦君與亮軒

與作家王藍（左一）、丹扉（右二）、郭明橋（右一）在美西文藝座談

一九八九年參加中華日報主辦的座談會，
左起：蔡文甫、應平書，中立者琦君，右起李唐基、林貞羊

一九八七年造訪洛杉磯世界日報，左起：李唐基、周腓力、丹扉、琦君、吳玲瑤（右二）

與夫婿李唐基（右）、兒子李一楠（左起）、媳婦陳麗娜餐敘

二○○一年秋，偕夫婿李唐基、兒媳陳麗娜，在瞿溪故居的琦君文學館

二○○一年秋，偕夫婿李唐基，訪問一九四三年曾經執教過的永嘉中學（今溫州第二中學）

二○○四年返台定居，與樸月在「張秀亞追思紀念會」合影

二○○四年返台定居，在讀友會上。
後排左起：鍾怡雯、劉振強（三民書局董事長）、鄧佩瑜、林良

與潘人木（中立者）在美國紐澤西家中

二○○六元宵前夕，與丘秀芷在淡水家中

念琦君大姊

丘秀芷

九十歲，算是長壽，但是琦君女士在六月七日凌晨逝世，讓大家都驚詫。

才在四月三十日，亞洲華文作家協會有一群海內外作家在台大校友會館，舉辦「向資深作家琦君女士致敬」的活動，那天一早，李唐基先生陪大他數歲的名作家太座琦君，從淡水潤福安養所進城。琦君的精神起先很不錯，看到我還立即叫出名字來，並沒有去年那種「失憶」現象！

只不過近午，她精神萎頓起來，李先生立即陪她回淡水。才想著什麼時候再去淡水看她，她卻走了。

琦君那一輩的女作家，寫作都不算早，總在三十，甚至四十歲以後，筆下難免柴米油鹽婆婆媽媽，但琦君較早寫小說，而且一筆有型的字，她是練過書法的。

在早期女作家中，她不算漂亮，更不厲辣，她很溫婉和氣，所以我們這些後輩寫作者，看到她沒任何壓力，她就像鄰家媽媽一樣，讓人親近。

後來她散文寫得多，即使如此，到六十歲只有十本作品，《三更有夢書當枕》幾乎大多年輕人都讀過，《桂花雨》也暢銷。反倒是六十歲以後作品多了起來，而且多篇入選中學教科書中。

即使已是大作家，即使已進入中上年紀，她仍然有點稚氣，說話細細的，身上喜歡佩戴一兩件亮亮的飾物。

她七十來歲吧，那時文壇新銳有許多怪異的創作筆法，意識流啦什麼的，而報刊徵文得獎的作品也多半這種寫法，有日琦君還跟我們說：「那有什麼，我也可以那樣寫，真想化名也投稿應徵。」

我們私底下暗笑她的天真，而且說真的，評審員的資歷大多不如她深。

她曾隨先生工作長住紐澤西，勤於寫信，像我這種和她關係不算深的，都收過幾封，她常回台，常見面，所以也就不覺得她遠離。

據長一輩作家劉枋、王琰如說，琦君很會燒菜，我們沒能嘗過，但劉、王二人本身就會作菜，更是食家，所以可見琦君燒菜之好。

林海音說琦君是：「說起話來沒縫兒。」信然！她總是娓娓道來，說溫州老家，說美國居，說文友大姊們，說文藝，她並不疾言厲色，所以即使在批判也讓人家感覺不出銳氣。

前三年，她的小說《橘子紅了》拍成電視劇，在兩岸播出。後來報端說出其實是她家族故事，她真實遭遇少小父母早逝，由大伯母、大伯父養育，所以她許多散文佳作中慈祥的母親，其實是養母，為官的父親也是伯父。《橘子紅了》中有妻妾之間的矛盾，就是以她養父母、姨娘為本。原來小說還是離不開真實世界。

她早年寫作不算有名，直到花甲之年，有幾本書突然紅起來，後來又平靜下來，不過她的書屬於長銷書，所以還是一本一本出版。

琦君在八十五之後，《橘子紅了》又讓大家想起了她，而她已老邁，即使大陸當局在老家溫州設了「琦君文學館」，她在前年，仍然選擇第二故鄉台灣為養老之地，民國九十三年藝文界重陽敬老會，她還來參加，只是有些失憶，去年就不來參加了。秋天，我和封德屏去淡水養老院看她，她竟然重聽，只能用筆談。

她先生李唐基精神還很好，也很健談，而琦君竟變成不太言語。想起她的諸多老友謝冰瑩、林海音、王琰如等人都已過去，我心中惻惻然。

今年元宵節前，我和樸月又去看她，很稀奇的是她居然可以和我們對談。原來原先耳朵積水，開刀後好了，我送她一只狗的燈籠，當下拼好，點了燈，她如獲至寶，一直到我們離開，還放在懷中，不肯讓人拿走。

想起她以前最愛亮亮的小東西，如今依舊不變。她和先生住潤福養老院，費用相當高。想起大陸一、二、三級作家他們政府都給月俸，國寶級作家可以直接和領導人對話，得到照顧。而年已八十九的琦君，卻要以自己的版稅來養老。其他久已沒有版稅的作家更是苟延殘喘。

過往「亞洲華文作家基金會」每兩年會辦「向資深作家致敬」致贈敬老金，張秀亞、林海音、蘇雪林、巴金、冰心、方北方（馬）、施穎洲（菲）、黃東平（印）等都得過，今年主其事者問說向誰致敬，要我們建議，就琦君吧！

四月三十日，台灣有些作家出席。如司馬中原、鐘鼎文、季季、田新彬等人，而海外的李藍（紐約）、林忠民（菲律賓）、賴連金（日本）、趙秀英（南非）等也自僑地來。仍是民間團體自辦的，政府單位沒任何人來。反倒是大陸中央電台二位駐台記者聽到消息特地趕來，做了專輯。台灣沒任何電子媒體來，只有報紙來了幾位。

當天琦君起先精神很好，看到我們幾位「熟」朋友，一下叫出名字，而且開開心心的，後來頒完致贈獎牌、敬老金（二千美金），她有些萎頓。李唐基先生立即陪她回淡水。

正想著什麼時候再去淡水看她，沒想到六月七日聽到新彬說琦君大姊走了。

當天晚上電視新聞仍然報導趙建銘弊案、搞軌案，甚至一個新的歌手被強力重複介紹，但對琦君的死訊播得少之又少！

我很感慨，即使琦君的《橘子紅了》近年十分紅，卻仍然被如此忽略。其他文人的下場更不可想像了。

我也在想，早幾年，文藝界大老蘇雪林、林海音等大壽或過世，都受政府重視，但近來潘人木、徐鍾珮都走得默默！琦君大姊過世，被稱「文學已死」的文藝界要好好紀念，真希望政府相關單位也好好紀念，許多政府官員不是看琦君文章長大的嗎？

（本文作者為藝文作家，現任中國婦女寫作協會理事長）

目錄

春水船如天上坐——讀《看花集》 188

永懷琦君專輯

友情的書

——初版自序

由於寫作，交了很多朋友。成了朋友以後，也就更用心閱讀他（她）們的作品。這才是真正享受「以文會友」之樂。

許多年來，承文友們的抬愛，有的在新書出版之前，囑我寫幾句卷頭語；有的於著作問世之後，寄贈一冊，希望我能有一些坦誠的迴響。我不願把「寫序」與「贈書」視為文友間的例行俗套，而認為是對友情的由衷珍惜。所以在先讀為快之之餘，嘗誠懇地寫出我的心得感想，向廣大讀者推介值得細讀的好書。

因此，林林總總地，我寫了不少篇書序或新書介紹的文字。尤其是旅居海外的這幾年，承好友不遺在遠，萬里贈書，客中歲月，尤感隆情厚誼之可貴。因此，在這四年中，寫讀書感想成了我與文友的感情交流。每在一篇完成後，見諸報端，介紹好書大家讀，我心靈上也是一分莫大的豐收。

承九歌出版社蔡文甫先生的美意，願將這些介紹書的篇章，結為一集，未始不是對愛書人的一分貢獻。因此將過去散見在各集中有關讀書的文章抽出，加入四年來的新作，都為一集，題名為「琦君讀書」。其實，這是一本「友情的書」。也非常感激蔡先生的無私，因為在集中介紹九歌出版的書僅有一本。

看完校樣以後，我驚訝於自己當時閱讀每本書時用心之細密，與下筆之際的字斟句酌，請相信我不是自賣自誇，因為我賣的不是自己的瓜。我確實是以全副心魂投入其中，體會作者的深意，與文章的奧妙精微之處，點點滴滴報導給讀者。每一句話，我都本著一個「誠」字而寫。自認為沒有一絲「阿其所好」的「溢美之辭」。至於是否有當，則全在各位讀者見仁見智的看法了。

如果親愛的讀者們有耐心看完我這本集子，我唯一的願望就是大家能引發起興趣，再去細讀一遍我推介的每本書；若願提出贊同或相反的意見，那將是更進一步的「以文會友」，這就是我願將本書貢獻給讀者的目的，也算不辜負文甫先生的一番心意了。

琦君

民國七十六年九月八日
於紐澤西

舊江山都是新愁

——讀《八千里路雲和月》

「追往事，去如煙。山河雷雨換人間。九州未定天涯遠，大業功成醉太原。」這是莊因在六年前為一位闊別十六年，自大陸來美的朋友即席口占的〈鷓鴣天〉後半闋。那時他從朋友口中，知道大陸政局仍在變幻莫測之中。但由於他思鄉情切，等不得九州一統，大業功成，於翌年和幾位好友結伴，回去作蜻蜓點水式的三週訪問。

他自歎為「自我放逐」的「失鄉之人」，以一個「外賓」、「訪客」身分，踏上日思夜想的故土，卻是那麼的陌生。回到生於斯的故鄉北平，回到長於斯的山城重慶，內心的悽惶、感觸，豈止是近鄉情怯而已。無怪他驟然聽到一個小童子，親切地喊他一聲大叔，就禁不住淚下沾襟了。

當飛機抵達「北京」，他痴立在夜色蒼茫中，低聲念：「爸，我們到家了。」可是慕陵老先生已仙逝一週年。他只能代老人家感受一番四十三年魂牽夢縈的故都「新」面貌。唯一所獲的是帶回故宮大殿前的殘磚一方，和故鄉春泥一撮。殘磚置於慈父墓前，春泥灑在墓土之上。再向在天之靈祝告，倘得見九州一同，必當白首還鄉。這不但是他的一片孝思，也顯示了他生爲中國人，永爲中國人不變的志節。

他返美後，於幾個月的輾轉焦熬之餘，才整理紛亂的思緒，寫下了《八千里路雲和月》的系列文章。發表於聯副時，使我們隨著他的筆，神遊故國，見到了壯麗河山，也晤到了親切的故鄉人。他的懷鄉懷土，他愛國家民族的情操，都化作瑰麗文章，引人入勝。但也於字裡行間，屢見淚滴斑斕。莊因是少小離家，老大方歸，我則是老大離家，而今鬢已星星，徒嘆「垂老莫還鄉」，讀後，感慨又是如何？

《八千里路雲和月》寫的是「舊江山」，寫的也是「新愁」。那一分刻骨銘心的感受，是不同一般「案頭山水」的記遊文章的。

莊因家學淵源，古典文學根基深厚，詩騷詞賦，信手拈來，適足以爲眼前萬里江山寫照，也抒發了他深沉的感觸。這一點，構成了本書一大特色。但他並不一味古典，他的筆調，是隨著景象時有變化的。比如他寫初抵北平故鄉，是無限酸辛之筆。寫夜讀《蔡元培年譜》，則洋洋灑灑揮發議論，意氣蓬勃。寫秦始皇與毛澤東對比，則一針見血剴切而森嚴。

入川後筆鋒漸轉，先是酸辛地感慨自己「似歸鳥之無枝可棲」、「似燕子之無梁可投」。因四川不只是他舊遊之地，也是他度過快樂童年的另一故鄉。三十四年的睽違，即使頭未白，又何堪物換星移之歎呢？

訪詩聖杜甫草堂，他反倒不援引古句，而以具象的現代筆法刻畫人物，他寫道：「三位老婦滿是皺紋的臉，讓你看不出一絲動情的淒楚，是那樣痲木無情。這種感覺，就像北風肆意斬刺一具稻草人。」「他們的臉上，刻下了天愁地慘，痲痲密密的大悲咒。」表現出一片肅殺之氣，而時節卻在春天。在本篇結尾處，又回到了詩詞的婉約：「……只留一個春天，請長江帶走，直到江南。」

到了重慶，又是一番心情。但第一下的感覺仍是悽苦的。他迴旋之筆寫道：「初到山城是三十五個春天前的春天，三十五個春天累積起來，加上第三十六個，卻依然遮不住山城的憔悴衰老。」他必須「撥開愁雲慘霧」，去拾回童年的歡樂。

怎奈歡樂童年不可拾，他看到街旁建築都「彷彿小伙子一身鐵打的筋骨，經歷了一世風霜，只顯得雞皮鶴髮，彎腰駝背，茫茫蒼蒼，頹衰龍鍾而不勝歲月了」。他看到當年的「精神堡壘」，卻是「孤伶屹立街心，就像被噬空腑臟的一具螳螂軀殼」。他「如此接近自己的同胞，卻感到從未有過的陌生與疏遠」。

我引錄他的原文，是激賞他能隨時擺脫古典詩詞的拘束，以白描之筆，寫出遊子對劫後故里的沉哀，尤甚於庾子山的〈哀江南〉。總爲一分世亂情懷，回到自幼長大編織過多少綺麗美夢的地方，頓感國破夢杳，自己「與山城俱老」了。

我一生的遺憾，是未到過故都北平，也未入過川。因此讀莊因文章，但覺此心悠悠忽忽渺渺茫茫，哀樂難以自主了。

沿長江而下，過三峽，看他寫的是：「兩岸峭壁千仞，彷彿森森壁壘，排列兵陣執戈配刀的黑袍武士，殺氣騰騰。」他一向認爲長江「是中國大地的慈母」，可是在天理泯亡時，她要捶胸嚎哭，他歎息「萬里長江，領盡千古風流，而今竟成了條裹屍布。」觸目驚心的強烈感受，都傳染了讀者。

謁中山陵時，他「舉步沉緩」，「是在默念著一階階所累積的多少憂患歲月。」想到　國父的最後遺言，想想國家半個世紀來的劫難，能不令人涕淚滂沱嗎？

莫愁湖、朱雀路、烏衣巷、夫子廟，那些詩人筆下令人發思古之幽情的名勝，也只好匆匆點過，只有在雨花台，他買了一包晶瑩的小石，是一分閒情呢？還是想拾回一點童心？這和在故宮大殿前拾回一塊殘磚的沉重心情，總算不一樣了。

上海是我的舊遊之地，不知別來無恙否？看他一路「越走越柔，越走越綠，心情也漸漸鬆弛下來」，我也懷著企盼心情，願從他筆下享受一點江南的綠意，究竟已是春天，大地應回春，苦難的同胞應重見光明了！

此篇重在寫人物，他見到了姑丈姑媽，寫姑丈「閉目倚牆，下顎微顫，任一根香菸在脣邊恣意燃燒，又不時張望坐在一旁的孫女，憐愛之情，在那一雙彷彿除夕爐火夜深漸盡的老眼中，閃出微弱的火光。」由這樣的描繪中，我們可以想像到這三十多年，大陸百姓過的日子如何了。

寫豐子愷的被迫害，令人髮指。善良的百姓，有志節的文人，都成了驚弓之鳥，如政體不變，能有眞正的光明可言嗎？

杭州是我的第二故鄉，如今只能在莊因文中去追尋六橋三竺的夢跡了。寫到杭州，他的筆調，也似湖堤上的垂柳桃花般地，嫵媚活潑起來。他說：「今夜，我將擁著西湖入夢。」他要聽小樓春雨，聽深巷賣花聲。有趣的是他竟一時想入非非，想像歷史倒流，他官拜杭州刺史，得以與民同樂，詩酒風流。於詼諧中，豈不更見得他的一分無奈！

在本篇中，濃得化不開的春愁，也以濃得化不開的文字表現：例如：「是西湖朱顏已改，抑是我浪子江湖老去？是我人在江南春雨中傷逝，抑是夢裡的江南憔悴如許？」「我一定會回來，在水光瀲灩的湖中，撈起今天投下的影子，永遠和春住。」

莊因於寫江南，引述詩詞特別多，文言句法也特多，這是江南的春，給他的興會吧！想來是大陸神州之旅，非如此不足以抒發複雜的遊子情懷吧。記得林語堂先生曾說過：好文章可以文言白話夾雜。因爲文字是表達心意的，當精簡的文言，可以表達深切之意時，何必仍用拖泥帶水的白話呢（大意如此）？所以他提倡晚明小品、鄭板橋的文章。莊因可能是深得其中三昧的。

〈祝福〉一文，是對一位在故宮小九龍壁邂逅的陌生人寫的一封長函。且為那陌生人請他代拍一張照，引起他無窮感觸。他關心他、掛念他，其實關心掛念的是整個大陸的同胞。由於陌生人的故鄉盤縣，使他想起度過童年歲月的安順縣。安順縣的長門坡、石板斜街，那個賣飲水度日的羸弱青年，落雨天裡的桐油傘、桐油鞋……點點滴滴，都使他夢寐難忘。

〈高處不勝寒〉，是對於從大陸來美的四位文壇大老蕭乾、曹禺、錢鍾書、沈從文的描述，筆觸變化，因人而異，使我們如晤其人，如聞其語，深覺其觀察細微，評語溫厚而中肯。他獨獨心折於沈老處亂世而清濁自分，不憂不懼的高風亮節。翔實地報導沈氏夫妻在動亂中所受的磨難，與他對文學不變的真知灼見。寫來益見其語重心長，不由人對沈老起無限欽仰之忱。

「酒蟹居」把酒歡聚，主人於星月皎潔中送他們回寓所。真個是「後會知何地，相逢是別筵」，但莊因說：「一位為眞理而鞠躬盡瘁、可親可敬的老人，即使再走向古墓裡去，也是永遠不會寂寞的。」讀此令人泫然。

本篇後記是追懷莫逆於心的故友——光逖先生。光逖先生是我們極為敬佩的文藝鬥士。我拜讀過他的小說《山洪暴發的時候》，和報導文學《江戶十年》。民國四十多年時，志同道合的文友們，有個「春台小集」，光逖先生有空必來。他有著北方人的豪放與木訥。一身傲骨，疾惡如仇。他對國家民族的愛，對文學的忠誠，以及對騎牆於海峽兩岸的機會主義者的不齒，在在令人欽敬。五十四年冰瑩先生與我及蓉子訪韓，過日本時，承他熱情招待，聽他談笑風生。六年前我自美返國經舊金山，曾與他賢伉儷歡聚。回國後正預祝他可藉《加州日報》，一展平生抱負，不意竟以勞瘁憂心而逝。志士不壽，良深痛悼。莊因稱他的器度、情操與沈從文極相似。他記二位先生，以〈高處不勝寒〉爲壓卷之作，是寓有一番深意的。

《八千里路雲和月》是我的案頭書。每讀都使我回到故國的如畫江山中，聊以慰情。相信在台灣自由土地上出生長大的青少年，並且愛好詩詞的，都會喜讀此書。老大離家，白首未歸如我輩者，更愛讀此書。儘管「舊江山都是新愁」，而誰能忘卻舊江山，誰能不愛舊江山呢？

莊因飽讀詩書，有強烈的文學良知，但不謾罵，不恃才傲物。我欣賞他的灑脫健談。興來時嬉笑怒罵，或幽默地自我調侃，卻從不臧否人物，保持文人的君子風度。這樣誠懇的性情中人，在今日是不易多得的。

他幸福地有一位精於烹調、熱誠好客的太太，「酒蟹居」中，一向是送往迎來，

「座上客常滿，樽中酒不空。」近又喜聞其新著《莊因詩畫》已問世。他那一手「右軍」的字，和足以與豐子愷亂眞的漫畫，在他一代中，也是鳳毛麟角了。記得他有一篇〈第三枝筆〉的文章，卻錯過未讀。我現在且戲贈他「打油」二句，聊以博笑：「把酒持螯左右手，莫閒卻作畫題詩，春風三手。」

——民國七十五年十月二十二日

・《八千里路雲和月》，莊因著。民國七十一年，純文學出版，三民書局民國八十九年十月重排新版。

龍蛇絡繹雲煙下

——《吳姐姐講歷史故事》第九集序

《吳姐姐講歷史故事》，在「中華兒童」版連載，作者吳涵碧的初衷，原打算是寫給小學五、六年級與國中的小朋友們看的，所以用的是平易淺白的文筆。她的目的是爲給小朋友們灌輸點歷史知識，以期引起他們對我國民族固有文化的興趣。但連載以來，社會各階層的反應熱烈，認爲這不僅是兒童們知識的寶庫，學校沉重課業最親切的良伴，也是成人增長學識以至爲人處世，修養身心不可不讀的好書。眞是人手一卷，老少咸宜。我就是對此書欲罷不能的一個。

作者因受老老少少讀者的歡迎與鼓勵，興趣與信心倍增，因而筆走龍蛇，愈寫愈精采。結集成書，一集又一集的，已出到第八集。近以第九集又將問世，索我寫幾句卷頭語，我這個長期的老讀者，當然願意說說我讀本書的心得感想。

講「歷史故事」，不同於寫「歷史小說」，因爲歷史小說究竟是「小說」，作者只要對某一個時代，某一個人物的某些故事有興趣，認爲有演繹的意義，就可以運用小說家的技巧，塑造人物，編織故事，渲染背景。爲了加強吸引人，可以製造高潮，穿插情節，增刪人物。只要不距離史實太遠，不顛倒黑白，忠奸莫辨，就可寫出動人的歷史小說來。但講歷史故事就不然了，人物不容面壁虛構，事跡不由任意竄改，時代不得絲毫差錯。在種種限制之下，要把故事說得跟小說一般生動，可眞不是一件容易的事，而吳涵碧做到了，而且做得非常成功。

現在將「吳姐姐講歷史故事」的特色，介紹如下：

一、組織嚴密

她用抽絲剝繭的方式，自黃帝以下，以人物爲經，以史實爲緯，生動地娓娓道來，任何盤根錯節的朝代，都寫得有條不紊。遇有人物事跡與他篇有關聯之處，必於括弧中注明：「請參閱某某篇」。在每篇開頭，必將前篇故事簡略交代，使讀時不致有不連貫的割裂感。因此全部歷史故事，表面上以人物的單元故事分篇，實際上卻是草蛇灰線，脈絡相連。橫的方面像網子似的，扣結得緊緊的，縱的方面，像珠鍊似的，串得牢牢地。俗語說：「編筐編簍，重在收口」，涵碧編織筐簍的功夫，著實不凡。

二、長短合度

爲了配合兒童版版面並顧及讀者興趣，她在篇幅長短上把握得非常好，無論人物多少，故事繁簡，她都能縮蛇成寸，長短合度。大人物常穿插趣味性軼事，寫來從容不迫，遊刃有餘，絕無到篇末給人戛然而止的匆促感。即使在篇末出現「欲知後事，且看下篇」的字樣，也只是爲下一個人物故事做引子而不是像演義小說那樣的「賣關子」。

這分功力，實由於作者是攻讀新聞的，有訓練的記者之筆，自能斂放自如，繁簡有度。今日的歷史，原是當年的新聞，涵碧以寫新聞之筆，把歷史還原爲新聞，把相距千百年的人物，拉到我們眼前，使我們如見其人，如聞其聲。也使我們領會到「觀今以鑑古，無古不成今」的道理。

三、忠於史實

前文說過，講歷史故事，不同於寫歷史小說，必須處處忠於史實，這點原則，涵碧是嚴於遵守的。例如三國裡的呂布貂蟬故事，儘管旖旎風光，但因貂蟬只是羅貫中筆下人物，正史中並無此人，她就只好割愛。又如楊貴妃與唐明皇故事，她要採用杜甫的〈麗人行〉，而不根據白居易的〈長恨歌〉。因爲杜甫是寫他們的窮凶極惡，禍國殃民，而白居易是極力渲染他們的愛情。詩中「臨邛道士招魂魄」的故事，尤屬詩人的想像，故略而不取。可見她對資料取捨之嚴格。

這使我想起我國現代寫歷史小說的第一枝筆高陽，他寫荊軻傳，爲了增加悲劇氣氛，他創造了正史上所沒有的人物燕太子丹的妹妹，與荊軻一段生死戀情，寫得蕩氣回腸。因爲他寫的是「小說」，不是講歷史故事。

涵碧根據正史，旁及演義小說，傳奇、筆記，廣爲涉獵後，反復求證，以還古人本來面貌。例如她寫「周瑜絕對不小氣」，他原是個器度大的人，並非被諸葛亮三氣而死，而是爲國辛勞而早喪，使被羅貫中冤枉了一輩子的周瑜得以平反。

她細讀了《七俠五義》與《楊家將》，寫下〈宋史中的包拯〉與〈正史中的楊家將〉以正視聽。我在讀了〈韓延輝探母〉一篇後，才知道楊業並沒有一個兒子叫延輝，〈四郎探母〉故事完全脫胎於韓延輝。今天坐在戲院裡閉目凝神欣賞「坐宮」裡的四郎唱「我好比，籠中鳥……」的戲迷們，有幾個知道「眼淚還沒擦乾」的木易駙馬，原來並無其人呢？又誰知道叱吒千軍萬馬的蕭太后，她的小名叫「燕燕」呢？

她爲了宋江這個傳奇性人物，特地寫了〈正史中的宋江〉與〈水滸傳中的宋江〉，讓讀者作個比較，她的才識，她的治史精神，實在令人讚佩。

記得我童年時看機關布景戲「洛陽橋」，舞台上紫紅簾幕一拉開，洛陽橋上燈火輝煌。百姓扶老攜幼夾道歡呼，看得我眼花撩亂，母親連聲讚洛陽橋好熱鬧，洛陽老百姓好福氣，連父親都以為洛陽橋是在洛陽呢。

今天讀了〈蔡襄修建洛陽橋〉才知道洛陽橋原來在福建晉江縣。也知道了宋朝四大書法家，最後一個原當是蔡京，因他無行，才換上了蔡襄。

四、筆調變化多姿

寫現成的歷史事實，心理上一受限制，下筆就容易呆滯。而涵碧才高，舊瓶新酒，韻味無窮。寫什麼人物，就是什麼筆調。氣氛的烘托，口吻的描繪，都恰如其分。例如關雲長的義薄雲天，李白的癲狂，司馬溫公的宰相風範，寫得既傳眞又傳神。最難得的是報導詩人詞人的事跡，就用的詩詞宛轉之筆，連題目都用詩詞原句，例如〈相逢何必曾相識〉是寫白居易，〈十年一覺揚州夢〉是寫杜牧，〈別是一般滋味在心頭〉是寫李後主，〈波上寒煙翠〉是寫范仲淹。都使人發思古之幽情，足見作者對詩詞等修養至深。

五、解釋詳盡

她遇到特殊名詞，都加解釋。例如〈宣和畫院〉中說到「配魚」，她解釋是唐朝五品以上官員出入禁宮時的通行符號。解釋「孔雀升高必先舉左足」，講出宋徽宗精於藝術的故事；讀〈宣和畫院〉如讀有趣的藝術史。

六、篇末感言甚具見地

作者常在一篇終了時，以古證今，抒發她個人感慨。眞猶之於《史記》中的「太史公曰」。司馬遷是借他人酒杯，澆自己塊壘，涵碧則是滿腔對國家，對社會的關懷。史家贊太史公具備「史才、史識、史學」，以此語贊涵碧，亦不爲過。因爲她的確具有高超的才識，駕馭重要史實，以文學之筆，金針密縫，雖分篇而一氣呵成。《吳姐姐講歷史故事》是「歷史的，社會的，教育的，文學的」一部書，此所以受廣大讀者的歡迎吧！

七、世系表脈絡分明

歷史文學是一門專門學問，我國古典歷史文學如《左傳》、《史記》、《國策》、《通鑑》等，都是不朽巨著。但因是古典文言，忙碌的現代人，除非是專攻史學的，很少有工夫細讀且予以欣賞。即使讀了，腦海裡也很難有一個系統的概念。涵碧除了以人物、史事貫穿年代以外，在每卷之末，都附有世系表、帝系表，使讀者可以一目了然。她連楊家將的家譜都給附上，表示對一代忠烈的重視。她治學態度之嚴謹，於此可見。

八、命題醒目

定題目是一種藝術匠心，涵碧深諳此理。她定的題目，有的是一篇故事的重心，有的是人物性格的表現，有的鮮活具象，有的詩情畫意，都有吸引人非讀不可的力量。例如〈范睢死而復生〉寫他的妙計脫身。〈劉伶裸奔〉寫他的借酒裝瘋。〈樹枝上的緞帶花〉寫隋煬帝的窮奢。〈唐太宗吃蝗蟲〉寫一代明君的愛民如子。正符合了寫大人物用小故事的訣竅（諸篇見以前各集）。在九集中像〈真假張覺〉、〈大學生打破鼓〉、〈宋徽宗吃桑椹〉等篇，無不有畫龍點睛之妙。

眞佩服涵碧年紀輕輕的，怎會有這一肚子的學問。我與她眞正開始交往是在她主編《中華兒童》與撰寫《吳姐姐講歷史故事》以後很久。她常向我逼稿，我常讀她文章，我們遂成了年紀相差一大截的「忘年」之交。

記得許多年前，我們曾一度是近鄰。我去拜訪她母親——老友馬均權女士，只記得她是個長長頭髮上紮著蝴蝶結，在院子裡和弟弟拍皮球的小女孩。我們大人聊天，也沒注意她，只知道她從小是個讀書蟲，兒童故事一本接一本地猛看。轉瞬間，她已卒業大學，繼而主編兒童刊物，撰寫歷史故事，斐然成章了。

前幾年，她才告訴我，她和她弟弟小時候看《國語日報》從國外翻譯一套童話集，他們對我譯的一篇〈傻鵝比多尼〉的故事印象很深刻。我雖然年紀一大把，也愛讀兒童書。我還記得傻鵝翅膀底下夾著一本厚厚的書，昂著脖子，高視闊步，又傻又神氣的樣子。但傻鵝起初只會裝樣子，不知道書要讀到肚子裡才是眞正有學問。

涵碧雖喜歡傻鵝的天眞憨傻，她卻不是脅下夾著書的得意揚揚，她是眞正謙沖地把書一本本讀下肚子的用功女孩。

涵碧這些年來，專心從事文化教育工作，心無旁騖，她的成就，她對社會的服務與貢獻，是有目共睹的。痛惜的是她的慈母不幸已於數年前逝世，想她在天之靈，對愛女今日的成就與努力不懈，一定會感到萬分欣慰吧！

——民國七十五年八月十一日於紐澤西

・《吳姐姐講歷史故事》，吳涵碧著，民國六十七年起由中華日報出版；皇冠出版社於民國八十二年，出版全新《吳姐姐講歷史故事》。

童心、詩心

——讀《快把窗户打開》

我是一句兒童詩都不會寫的人，但就是愛讀兒童詩。一卷在手，樂以忘憂。人就像回到六、七歲的童子一般。眞個是手之、舞之、足之、蹈之，不知老之將至也。

我的床邊，除了美化心靈的詩詞選集，與一二本百讀不厭的名著之外，就是特地從台灣帶來的幾本兒童詩集。臨睡前，隨手抽一本，默念幾首，帶著溫馨，酣然入夢，眞是一分無上的享受。

去年冬天，收到林武憲寄來的一本童詩集《快把窗戶打開》，我就忙不迭地翻開來，一首一首地讀，一面欣賞著曹俊彥先生活潑生動的插畫。每一篇詩，每一幅畫，我都好喜歡。當時正是風雪漫天，異鄉歲暮，黯淡的心情頓時像回到春天似的開朗起來。

第一首詩〈小樹〉和畫就吸引了我。因爲畫的是一個小姑娘，梳著雙髻，一手提水桶，一手提噴壺，我就像看到童年時代憨傻的自己，一株小小的樹，張開嫩葉，蝴蝶繞著他飛舞，小鳥也來了。小姑娘高興地唱著：「……有這麼多朋友關心他，小樹漸漸喜歡這新家，悄悄地伸出嫩綠的小芽笑了，在暖暖的陽光下。」

湊巧的是我的書窗外也正有一株小小的楓樹，冬天被風雪吹壓得光禿禿地，眞擔心他會枯萎呢。轉眼已到春天，小楓樹枝椏上出現了紫紅色的嫩芽，要不了多久，就會張開來成一片片丹紅的楓葉，把春天接回來了。

〈鴿子〉一篇，使我沉思良久，因爲鴿子「不論飛多久，不論飛多遠，家，永遠是圓心。」有哪裡比得了故鄉的親切，家的溫暖呢？古人說：「人情同於懷土兮，豈窮達而異心。」詩人多感的心靈，是與草木蟲鳥都息息相關的。

因此，他寫〈螞蟻〉：「遇到同伴就行禮，走路也會排隊。」使我想起幼年時蹲在地上，守著螞蟻搬運沉重糧食時的樂趣。也聯想起台灣早期的公車司機，遇到對面來車時，都相互舉手打招呼，非常地彬彬有禮。如今是再也看不到這種有禮貌的情態了，不臉紅脖子粗，打一架都算好的啦！至於排隊精神，更是比不上螞蟻了。

我相信寫童詩的人，他的詩不是寫出來的，而是從那顆天眞的童心裡流瀉出來的。儘管作者自己說：「是一個拘謹、嚴肅的書呆子，缺少寫作的細胞。」但他的詩首首都是文學靈心的湧現。正如林良先生在本書序文中所說的：「他用一種童話的方法，讓自己的眼睛成爲孩子的眼睛，用這一雙新眼睛去看世界，發現孩子的身邊都是詩。」莫說孩子，連我這個一大把年紀的人，都邊讀邊感到身邊都是詩呢！

詩原是最精美的語言，而兒童天眞的語言，往往就是詩。詩人就把這些語言捕捉住，記錄下來，就是天然的兒童詩了。大人們讀來莞爾，小孩子讀來親切，因爲那是他們自己說的話。記得有一次瘂弦告訴我，他的小女兒指著天空的月亮說：「媽媽，月亮來了。」這個「來了」多麼的可愛？多麼的「詩味」？她不會像大人說「月亮出來了」那麼地索然無味，其實就只差一個「出」字呢。

因此，我也把自己「化」成孩子，去細細體味林武憲的詩，享受「兒話」的樂趣，他說：「小河好瘦好瘦，河水沒精打采的，他是不是也在想念我們？」我想到台北冬末春初，霪雨連綿達二十餘天，石門水庫不得不洩洪，淡水河一定變得好胖好胖了吧。可是南台灣卻偏偏乾旱缺水，春耕都將受影響，小河就很瘦很瘦了。但願我們國家年年風調雨順，無論青山、沼澤，都能肥瘦合度才好。

孩子是頑皮的，林武憲寫小河也是頑皮的小河，「把山壁當滑梯，從天上溜下來」，〈小雨點〉也是頑皮的，「成千上萬的，你推我擠的下來了。」「風」也是頑皮的，「不看書卻愛翻書，不愛沉思只愛亂跑」，風發起狂來，就變成「颱風巫婆」「踩壞了橋梁，拔掉了樹木」，可是溫柔起來，卻「幫你把汗水擦乾」。「好心的太陽，有時卻很笨，不明白爲什麼晒不乾人們身上的汗水？」這些「童話」詩句，多麼令人喜愛？

〈小時候〉一首，眞傳神，沒有穿褲子的小弟弟，搖著撥浪鼓，望著撲滿，該就是作者的幼年，也是所有讀者幼年的寫照吧。

在〈釣魚〉中，他寫：「把魚釣起來，釣魚的人很快樂，他不知道，水裡有魚的眼淚。」在〈不要到屏東去〉，他寫道：「爸爸，如果我們是紅尾伯勞，不要到屏東去，屏東有人捉我們，我們會被吃進肚子裡去。」讀著讀著，止不住淚水盈眶。作者仁慈的心，該會啓發孩子們，不要殘殺生靈吧。

〈鏡子〉寫得眞俏皮有趣：「抬起頭，看著鏡子裡的我，低下頭，看著相片裡的我，啊，我知道了，鏡子是現在的相片，相片是以前的鏡子。」歲月如流，鏡裡朱顏難依舊。天眞的童子，該不會有這種感觸吧？他們唱的是「我要快快長大」。

〈金龜車和金龜子〉，寫得好幽默，畫得也傳神。金龜子說：「老兄啊，你吃得那麼胖，難怪你飛不高，也飛不快，連走路都氣喘。」可是世上太多人願意驅金龜車而不羨慕金龜子的自由飛翔，可以停在枝梢上。

〈晒太陽〉一首，當爲壓卷力作。我忍不住要抄下後半首以餉同好：「小時候，喜歡跟爸爸在一起，爸爸厚厚的手掌，在我小小的頭上，流著淚的臉上，沾著土的手上，傳來陣陣的暖流，像太陽一樣，小時候，我喜歡跟爸爸一起晒太陽，小時候，爸爸就是我的太陽。」

可說整本集子，篇篇都是感人的好詩，最難得的是，曹俊彥先生精采插圖的配合，使詩篇更具象、更活潑。例如他畫〈柳樹的頭髮〉、〈杜鵑花〉，那一片欣欣向榮，令人心神怡悅萬分。又如〈螢火蟲〉、〈山〉、〈瀑布〉、〈雪〉等幅的點染，〈小山夢遊〉、〈夏天〉、〈秋天的信〉、〈小時候〉、〈回家〉等幅，對原詩意象的烘托，都是值得人深深激賞的。畫，如能使不懂畫的人看了會領悟，當是好畫。正如作詩的人，必定要有極豐富的同情心、想像力，才能移「情」入「景」，使詩作入於化境，也能使此境融入各個讀者心中。古人說：「作詩必得詩，定知非詩人。」詩不是拘泥於某一事某一物而寫，詩要道出「人人意中所有」之情。無論成人詩、兒童詩，沒有一顆玲瓏剔透的詩心，是無從寫出感人詩篇的。

不久前在《台灣日報》副刊，讀到馮輝岳先生的文章，他說：「童心、詩心、愛心的結合，是詩人趙天儀對兒童詩所懷抱的理想與願望。」我想：這句話可以道出每一位兒童文學作家與畫家的心聲。因此，也可將此句轉贈武憲。我與武憲並未謀面，只是感於他將近二十年從事兒童文學寫作鍥而不舍的熱誠與不計功利的痴情，才拉拉雜雜地寫下我讀他詩集的感想。

他在自序中說：「要建立一個和平安樂的世界，實在應該由小孩子開始。」他盼望能引導孩子用童話的眼睛欣賞一切，啓發他們的同情心，給他們歡笑與溫馨。因此以他自己辛勤教書寫作的積蓄，自費出版了這本《快把窗戶打開》的兒童詩集，這一分愛心與傻勁，實在令人感動。

我國的兒童文學，近十餘年來雖已引起教育當局和社會大衆的注意，尤其是洪建全教育文化基金會，特設有兒童文學創作獎。聞《國語日報》亦將設立兒童文學獎，並出版多種兒童文學叢書。金鼎獎也設有兒童文學獎。出版社如書評書目社、純文學、九歌等都有計畫地出版系列的兒童讀物，但比起國外，似乎尚差一大截。《紐約時報》、《華盛頓郵報》等兒童讀物的書評是非常受重視的。聽說日本產經新聞，設有兒童出版獎。而我們國內各大報每年的文學創作獎，對於兒童文學一項，尚付闕如。報紙除了《中央》、《中華》二報有兒童版以外（《新生報》是否有兒童版，已記憶不清），中國時報與聯合報也尚未闢有兒童版（美國《世界日報》有「世界兒童版」，極受中國兒童與家長的歡迎）。我認爲以各大報的財力與人才，對兒童文學的提倡鼓勵，實在是值得考慮的。

美國各大學文學系，多有兒童文學選修課程，國內各大專院校的中、外文學系，不知已考慮及此否？捷克是一個非常重視兒童文學的國家，大詩人都寫兒童詩，銷售量至廣，這一方面由於政府的鼓勵，一方面由於民間對兒童文學的喜愛與重視。文學確有轉變氣質，化戾氣爲祥和之功。兒童是國家未來的主人翁，兒童文學之當被重視與極力提倡是天經地義之事。這也是我爲什麼特別敬佩從事兒童文學教育與創作者的一番心情了。

由於讀林武憲兒童詩集，附帶引起了一點感想，不由得寫下來以就教於高明。

——民國七十四年四月四日

・《快把窗户打開》，林武憲著。民國七十三年九月作者自費出版。

是多情還是無情

——讀《無情不似多情苦》及其他

麗清的文章，見諸報刊時，我都讀過，結集成書以後，凡她寄贈我的，必再一一細讀。深覺其於言近旨遠中，自有一股清新脫俗的韻味，值得一再品嘗。

這種沉默的讚賞，想來定不止我一人，而作者卻都無由知道。

四年前在台北時，麗清回國探望母病，我曾對她說過：「你的文章常帶有一分哲思。」她謙沖地問：「是嗎？」我說：「是啊！」卻又接不下去了。因覺任何言詞，都顯得笨拙難以達意。相信她一定懂得我的「盡在不言中」的。

她曾在〈抽象一品〉一文（見《闌干拍遍》散文集）中說：「山中定居，日與自然為伍。我終於明白，抽象原來是『一說便俗』。」此語倒可借來作為我欣賞她作品的注腳。因為那分美感，最好是「不著一字」，落實的讚美，也將「一說便俗」。

翻閱《闌干拍遍》，卻發現在書頁上曾寫有幾行：「讀麗清文章如欣賞國畫的拆頁，空靈淡雅。如讀晚明小品，玲瓏可愛。她以自然之筆觸，寫出對生活與讀書的感悟，篇篇都引發人的情趣或深思。」自覺詞未達意，故也未曾告訴她。

麗清才思敏捷，讀書認眞，涉獵廣泛，又酷愛詩詞。引新知、化古句入文章，絕無賣弄才情之嫌。

她寫詩、寫散文，也寫小說。對於現代詩，我領略程度淺，未敢置評。我激賞她的散文饒有詩的凝練婉約，小說的生動具象。許多智慧的雋語，尤耐人尋味。秀亞在《青色花》一書的序中讚美說：「看她的作品，好像脫離了塵俗，來到一幅青碧山水前面，山間帶露的清新之氣，瀰天匝地而來。」比喻得很是恰當。

《青色花》是她較早期作品，她贈書給我時，在扉頁上寫了如下的話：「這是被出版社列爲滯銷書的。但我很偏愛其中二篇，〈關於愛〉與〈一夜在萬里海濱〉。」當時我讀後即密加圈點，驚奇於好作品的罕爲人知。現在再讀，仍覺〈關於愛〉是寫得非常生動的小說。文章簡練、結構嚴謹，愛情故事於平淡中包含深意。〈一夜在萬里海濱〉則是一篇微帶年輕人感傷的散文詩。最後幾句是：「魚腥、燈塔、漁火、一鉤新月。把辛苦的人生點綴得多麼令人感動。活得辛苦的人，是值得敬佩的，因爲對生命已盡了那分心。」那領悟並非一味的感傷。

《紙玫瑰》是小說集，初版於六十九年，比諸今日各家小說，其技巧絕無遜色，其中〈紙玫瑰〉、〈老婦與狗〉、〈傷心樹〉諸篇，更是細膩深刻。另有一篇〈黃絲帶〉（收在《無情不似多情苦》書中）她題爲〈聊齋外一章〉。故事確有聊齋的玩弄神祕氣氛，而以現代手法表現，是一篇非常好的小小說。眞不能不佩服她的聰明巧思。

我讀《闌干拍遍》時，原有滿心的話想寫，但讀到最後一篇〈闌干拍遍〉一文時，於淚水滂沱中，竟無法執筆爲文，因那不是寫遊子離愁，而是錐心的喪母之痛。

她在該文中寫道：「去國八年，竟是帶著這分慘痛的心情來圓我的還鄉夢。」又說「母親從來不曾老過，在我心中，亦將永遠不老。」我也想起逝世四十年的母親。深信凡是仁慈寬大犧牲的人，在我們心中，是永遠不會老的，我們不要再哭了。

《無情不似多情苦》，出版於三年前，上輯「風木哀思」是痛定思痛之餘，追念慈母出殯之日的情景，寫盡了人世荒寒與工作人員「存亡見慣」的冷漠，讀之令人不寒而慄。

中輯是一貫的空靈蘊藉之筆，娓娓記生活中點滴瑣事，或妙趣橫生，或感慨彌深，或顯示一片菩薩心。我尤愛〈看鯨〉、〈金魚〉、〈把寂寞縫起來〉、〈無情不似多情苦〉、〈晚餐快樂之不易〉諸篇。其實篇篇中都有絕妙好言語，令人激賞不已。

麗清打算以「清麗集」名書，以見風格。後順應王開平先生之建議改用「無情不似多情苦」。我也喜歡後者。因爲她的文章，都是「一寸還成千萬縷」的令人低徊。下輯讀書雜記，多言簡意賅，別具見地。

若問麗清究竟是多情還是無情，且看她寫的：「我想告訴你的是，牠有一對藍色的眼睛，牠不是魚而是我們同類。」（〈看鯨〉）「高高興興買回來，炒成一盤還鄉夢。」（〈香椿〉）「冬，這樣的詩意，不是頑固的，蒼涼的，悲壯的嗎？」（〈冬瓜〉）「新剪的枝條，不隱隱作痛嗎？我的愁情，並非無端——是爲那些修剪的痕跡感到隱隱作痛吧！」（〈冬愁〉有如此善感靈心，眞個是「無情不似多情苦」了。她在〈山居手札〉（見《闌干拍遍》）中寫道：「要徹底除非無情，要忘卻人間，也除非無情。」在〈金魚〉（見《無情不似多情苦》）中，她寫道：「世上或許預備了兩類的愛，一類是理智的，一類是感情的。後者的確不如前者有用，且徒增煩惱。然而像痛之於感覺，它雖然沒有用，少了它卻很難知道疾病之所在了。」說得很徹底。可見一個人對人間萬物的愛，對家國鄉土的愛，有時也許會使她變得「多情卻似總無情」或是「情到多時情轉薄」吧。在那樣的心境之下，麗清就寧願以她那分「理智」（其實是千錘百鍊的「情」，）去寫她的小說了。

麗清的夫婿唐孟湘先生在《流浪的歲月》序中寫道：「她是個全憑感覺的人……常常像個無可救藥的悲觀主義者。」「她是個很少私心的人，對人生看得很淡泊，對人性看得很透徹。而她的悟性與感性，尤其超過常人。」他的話是很誠懇實在的，如此一個天生的文人，是宜於寫詩、寫散文也寫小說的。

或謂麗清的文章，有的太短，在一本集子裡長短不一或許會影響讀者的心理。其實長短不足以定文章之優劣。我也不必拿「山不在高」之類的話來爲她辯解。且試讀她各集中的短文，無不引發人無限情趣與深思。比如〈把寂寞縫起來〉那篇，寫得是拼花棉被，但她思維敏銳，感觸彌深。她說：「十七年的完成，即使是一個生命，也會有驚人的改變。家裡小狗或許早已老死，搖籃裡的嬰兒要上大學了。女兒都已做了媽媽。而她，那個耐心的女人，卻在一針又一針地完成一件藝術品。」「有的人寂寞起來要尋求刺激，有的人卻可以一針一線地把寂寞縫起來。十七年之後縫成藝術館裡的一床掛毯」這樣的文章，短，又有什麼不好？

麗清自謙地寫道：「我的文章，既輕又短。往往只夠補白的資格。有時候看見它被擠在角落裡，不免有跑龍套的悲哀。」麗清可千萬不必有這樣的想法，文章只要出自至誠，言之有物，長短由之。自自然然從心靈中流瀉而出，行乎其所不得不行，止乎其所不得不止，才是人間至文。像畫家畫石，有的畫重、拙、大，有的畫皺、透、瘦，一樣表現出石頭的風貌。

麗清也說：「我只要有一點點的土地，就播種我的這點信息，總會有人懂的，我想。」

總會有人懂的，寫吧！

其實她又未始不寫洋洋灑灑的長文，在《闌干拍遍》集中，〈地裡的皇宮〉與〈走馬觀花三千里〉便是很長的記遊之文。遊記原是最不容易寫得好的，她記憶力強，才思過人，所以寫來生動脫俗，絕不予人以流水帳之感。〈地裡的皇宮〉寫的是維吉尼亞的鐘乳石奇觀，我也曾「到此一遊」，卻是「木然無動於衷」。且看她是怎樣寫出她的感受的：「我們幽幽忽忽出口的時候，像由一個夢裡醒來……是一個既美又神祕的使我們恍若隔世的大夢……對地球對生命更加感到不可思議的茫然了。滄海桑田，何處是永恆呢？人類的千辛萬苦，哪裡抵得過自然的一笑？」

我無法抄錄更多的原文，還是由讀者直接從書中欣賞吧！

在有一篇文章中，麗清曾提到「滿眼溪山的境地」，使我想起一首她可能也熟稔的詩來：「我去尋詩定是痴，詩來尋我卻難辭。今朝又被詩尋著，滿眼溪山獨往時。」麗清一定是隨時在她心靈的「滿眼溪山」中，被「詩」尋著，不由自主地寫下如許晶瑩美妙的篇章吧！

她在《紙玫瑰》序中說：「我是這麼一邊原諒自己，一邊活著的。」這是她的自謙之詞。看她的努力勤奮，何嘗是原諒自己的人？她「時常拿出母親的針線，要把思念織補在未完工的地方」（見〈思我母親〉），雖說的是手工，其實是指母親對她的期許。因為她母親「彷彿心底埋著一個想完成卻完成不了的自己」（見〈母親的遺物〉）。她的一片孝思，是會激勵她在寫作上更上層樓的。她追憶母親逢到特別親熱時，總喊她「涓涓」，母愛永遠滋潤著她的心靈，她的文思自必涓涓而至。

「我要學習等待，花一生的時間，等待一首詩。」（《牛城隨筆》序）她的等待，也就是不斷地閱讀，體認沉思、創作再創作。相信她會寫出最好的一首「詩」來，以慰慈母在天之靈的。

——民國七十五年九月九日

・《無情不似多情苦》，喻麗清著，民國七十二年，爾雅出版社出版。

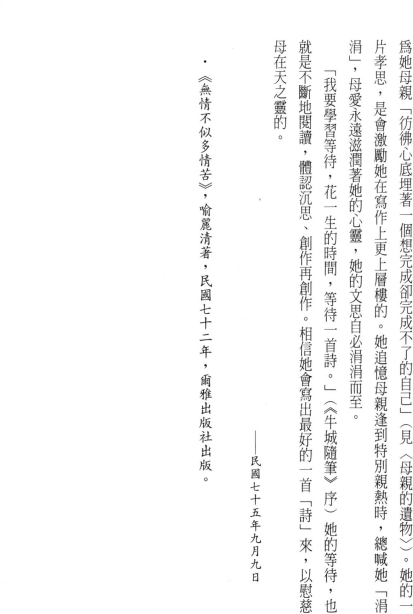

難忘的歲月

——讀《長夜》

讀完王藍的《長夜》，心潮起伏，不能自已。想來像我這樣年齡的人，都是經過八年抗戰與河山變色的漫漫長夜的。各人際遇儘管不同，但那種同仇敵愾的心境，和刻骨銘心的記憶，應該是和作者相似的。此所以《長夜》中所描述的難忘的歲月，與難忘的人，是如此地令人往復低徊。

王藍另一部膾炙人口的長篇《藍與黑》，我是很早以前看的。對該書的印象是氣魄相當壯闊，情節細緻，人物性格突出。確實是作者運用了十分嚴謹的技巧完成的力作。而《長夜》則有如夾泥沙而俱下的長河，筆調於稍帶稚嫩中見自然，也於自然中見眞情。對主角康懇與畢氏姊妹的描繪，著墨都只在語言動作上。卻令人有一分親切感。比如妹妹乃馥，由稚齡的天眞頑皮，歷練成一個機智勇敢的抗暴鬥士，寫來非常合理生動。

情節方面，康懇與姊姊乃馨的純潔戀情，是貫穿全書的主線。他們在抗日戰爭與中共陰謀叛亂中，各自投身愛國工作。中間波濤起伏，驚險萬狀。他們的冒險犯難，他們內心的交戰矛盾，他們堅貞不拔的愛情，與最後催人熱淚的結局，是作者苦心經營之筆。尤其是乃馨慘死以後，故事並不即到尾聲，而是讓康懇到了大後方昆明，重見柳暗花明新氣象，特別是巧遇乃馨之父，波瀾再起。吸引讀者再迫切地看下去。情節的穿插固然爲了烘托反共主題，但也頗見匠心。歷劫後，康懇與乃馥重逢，戀人之愛，手足之情，迷茫不可分。但他爲了已以身許國，寧可將第二次的戀情永埋心底，與乃馥黯然而別，讀來令人酸鼻。

讀過《長夜》與《藍與黑》的，嘗問王藍，他是書中的哪一個男主角的化身？王藍總是笑而不答。我讀《長夜》覺得書中兩個「我」，都有王藍的影子，當然不必追究畢氏姊妹是誰了。一個作家，如不將全心魂投入，化爲書中每一個人，如何能寫出感人的作品來呢？王藍對訪問他的朋友說：「《藍與黑》是我最重要的作品，《長夜》是我最喜愛的作品。」這話說得最好！

《長夜》是一部愛情小說，也是一部包含嚴肅主題的抗戰史實小說。凡是主題嚴肅的，往往易流於「義正辭嚴」的枯燥八股。《長夜》能免於此者，是由於男女主角由兩小無猜至海枯石爛的愛情，在篇章間處處散發出浪漫氣息。而這一分純潔的愛情，與他們對國家民族之愛的交織，使本書呈現了剛柔互見之美。

高潮迭起，懸疑時見，也增加了《長夜》的可讀性。小說終究是要先吸引人看得下去，才能期望產生理念效果的。作者採取兩個「我」的對話方式，由第一人稱時空錯綜地追述往事。驚險處更令人屏息，忠勇處令人驚嘆。敵人的殘暴處令人切齒，中共的奸詐處令人髮指。若非作者以豐富的親身經歷，與寶貴的眞實史料，灌注全書以更多的血肉，是無法使一部小說產生說服力的。

王鼎鈞先生在〈重讀藍與黑〉一文中說：「文學，尤其是小說，是把民族的經驗，藉著一兩個人的名義，傳布給全人類。」以此言移來評讀《長夜》正復恰當。這也是此二書在情操上，能傳遞讀者以同樣感受之故吧。

瑕瑜互見的是，在有些敘述或對話中，仍不免於生硬教條之句。這也許是作者滿懷「不能已於言」的熱忱，不由得託書中「代言人」，「語重心長」地訓起話來。於此可見，文學作品中，「隱藏主題」的藝術之運用，是多麼不容易！

値得讚佩的是，作者藉了「我」的追敘，坦直地指陳了當年我們政府的種種缺失。例如對中共的錯誤估計與過分寬容，使其勢力坐大。對他們利用文藝煽惑青年的政策之忽視，以及部分官員的顢頇敷衍，大後方少數人士生活之奢靡，造成大陸淪亡的悲慘。這些沉痛的缺失，直至今日，仍當深深引以為誡。前事不忘，後事之師。我們於讀《長夜》掩卷之餘，尤當深深予以省思。

在《藍與黑》由純文學出版社重排出版之前，大家幾乎忘了王藍曾寫過多部長篇小說。這是由於他才氣橫溢，揮灑自如的平劇人物水彩畫的突出成就。直到《藍與黑》以新面貌再度問世，舞台劇在世界各地盛大演出，這位小說家的聲譽重又鵲起。繼之，《長夜》又以新版暢銷，我為王藍在文學與藝術上的非凡成就喝采，同時也十分欽佩一位有原則有識見的出版家，於此時此地，一口氣出版了多種以抗戰為背景的長篇小說。使老一輩的讀者們，能重溫沉痛舊事，而有以警惕。也使成長於安樂中的年輕一代，了解我中華民族所經歷的重重苦難，與國家今日艱難的處境，而能知所砥礪。

這也說明了：小說的功能，不只是為了娛樂讀者；寫作的目的，不是為了譁眾取寵。一個從事文學創作的人，自當尺度在心。默默中，他是有著一分沉重的使命感的。

——民國七十五年三月

・《長夜》，王藍著，民國七十三年，純文學出版。

與尤今同遊

——《迷失的雨季》序

讀尤今的中南美遊記——《迷失的雨季》，心情有輕鬆也有緊張，有愉悅也有感觸。因爲我如同與尤今攜手同遊，到達了祕魯、阿根廷、烏拉圭、巴西等在我夢境中都尙是非常遙遠的國度。進入亞馬森叢林，歷經驚險，親耳聽那位可愛又可敬的導遊朱略西撒娓娓講叢林中部族的傳奇故事，以及他自己的奮鬥歷程，見到了他美麗溫柔的愛侶，我也領略到各國不同的風土人情，觸摸到散布在天涯海角的華人「舉頭望明月，低頭思故鄉」的悽愴情懷。

說實在的，我平時對閱讀遊記，興趣常不及對其他文體爲高，因爲我深厭那些流水帳式或日記式的枯燥敘述，或冗長的資料重組。而讀尤今的這本遊記，卻如讀傳奇小說、冒險故事，心靈爲那股神奇詭譎的魅力所牽引，隨著她一路行去，欲罷不能。

尤今的作品，何以能產生這一股神奇詭譎的魅力呢？我想主要原因之一是由於她寫作態度的誠懇認眞。她筆下所呈現的每一處風光、每一個人物、每一種奇風異俗，都是經過她細心探索、觀察、體認，揉合了她行前對各國文化地理歷史等背景的充分研究準備，透過毫端流瀉而出，總帶有一分豐富眞摯的感情。新加坡名詩人兼評論家周粲先生，讚美她的遊記是「理性的思考，感性的描繪」，是非常中肯的。

我知道尤今與她夫婿都酷愛旅遊，在出發之前，尤今必定先去各國領事館以及圖書館找尋資料，仔細閱讀摘記，再與各該國人士交談，以求深入了解他們的生活習慣、社會形態，胸有成竹以後，才不致入境茫然。如此認眞地準備，看來旅遊對尤今是不是一件苦事？但她對訪問她的記者說：「旅遊是人生無上享受，我旅遊不是爲了要寫遊記，而是領略了各地風光，接觸到那麼多令人深深感動的朋友之後，自然想寫。我一點也未曾勉強自己，但行前如不充分準備，就如同不讀書進考場，一定是交白卷，一定是入寶山空手而回的。」

難得的是她所吸收的資料智識，只供一己參考，絕不生吞活剝地摻入遊記中，以炫耀才識，而使讀者昏昏欲睡。還有她每到一處，都會坦誠地交上許多朋友，不但爲旅程繪上繽紛的色彩，也因爲與朋友的交談，得以了解許多書本上所沒有報導異國風情與社會面貌。

她的聰明智慧與冒險精神，更使她的作品隨處閃爍著綺麗的光彩。

她夫婦旅遊一向不願參加走馬觀花、點到為止的旅行團，他們都是自擬行程，偏愛去人跡罕到的地方尋幽探勝，於驚險萬狀中領略大自然的壯美，生命的意義，宇宙的廣闊無垠，與蠻荒森林的詭祕。因而啓發了她的智慧與胸襟，也顯示出她遊記的獨特風格。〈亞馬森叢林之旅〉就是一個例子。沒有一個旅行團敢負責帶旅客作如此危險的旅遊，也沒有一個旅客敢冒險進入森林。

尤今曾欣慰地說：「亞馬森叢林之旅，充實了我的人生。」我也要欣慰地說，讀了她的遊記，也感到豐富了我的人生。

描寫人物的鮮活突出，是本書特色之一。寫風景難，寫人物亦復不易。二者都必須經由客觀的觀察，主觀的體認，正如周粲先生所說的，揉合了理性與感性，才是眞正的藝術創作。以今日旅遊業之發達，一張彩色照片，往往勝過白紙黑字的冗長描述。如何使風景躍然紙上，使人物與你直接交談，是需要智慧與匠心的。

尤今卒業於南洋大學中文系，有深厚的華文文學根基。她自幼就愛讀書習作。在〈童年回憶〉裡，她說自己由一個頑皮倔強的刺蝟，變成一條啃書頁的蠶兒，更成為一隻快樂踏實的喜鵲。喜歡交朋友，自己快樂，也希望通過文字，把快樂帶給別人，這是她勤讀勤寫的原因。如今她已是位傑出的散文家、小說家。她又曾從事記者採訪工作，敏銳的觀察力，細膩的體認情懷，加上她圓熟的小說筆法，寫人物自是絲絲入扣。幽默處令人莞爾，沉重處令人嘆息。她對導遊朱略西撒著墨最多。尤其是描寫他對自己出生長大的叢林與部族之懷念。她寫道：

他堅決而冷靜地說：「我到城裡來工作，主要是想體驗多樣化的生活。我總覺得，城市裡的一切，都不屬於我，而榮華富貴，也都是過眼雲煙。只有回返叢林，我才有一種眞正的歸屬感。所以，一旦我覺得已看夠了，我便會回到叢林去，一定回去。」

尤今多次強調他的歸屬感，値得我們深思。她還特地翻譯了朱略西撒的自述，這是不易多得、非常寶貴的對祕魯土著的智識。

其他如寫祕魯的擦鞋童，寫一個走出唐人街街角就會迷路的廚師——一個一生寄居異國卻對異國一無所知的寂寞華人。寫阿根廷一名餐廳老闆，她的感觸是：「月亮果眞是外國的圓嗎？我想只有那些在海外歷盡滄桑而又難以重歸故國的移民，才能深入地回答這個問題。」

她寫阿根廷那位久客他鄉重歸故土，體認祖國風光的老婦，臉上喜慰的神情，寫飛機鄰座一位望去十二分雍容，卻把一頓兼人的大餐一掃而光，又把餐具全部收進手提包的「貴婦」，我彷彿在看毛姆的小說。至於〈老人與鴿子〉、〈成功裡的寂寞〉與〈幸福〉諸篇，人物之鮮活，結尾之意外，更有著小小說高明的技巧。

寫景原是最不容易的，尤今每每融情於景，寫來樸實而感人，例如：「暮色來得很快，只一忽兒，原來七彩繽紛的天幕，便像錯放了染料一樣，幽幽地黑了下來，像我那顆出其不意地黯淡下來的心……」寫一幀烏拉圭的照片：「通過這一片綠色的角落，我似乎聞到了幽幽的花香，感受到微風的輕拂，還有那一股不沾人間煙塵的恬然氣息。」

本書隨處散發著作者年輕而深沉的智慧之光，和她對所接觸的風光人物，所流露的溫厚情意。在在值得讀者細細品味。《迷失的雨季》不僅是一本可讀性極高的文學作品，也爲有意旅行中南美者，提供可貴的參考智識。

儘管尤今那麼愛旅行，當記者先生問她旅遊了那麼多國家，究竟哪兒最好呢？她毫不猶疑地回答：「我還是最愛新加坡，這是我的眞心話。」她於倦遊歸來，坐在溫馨的家中，振筆疾書，回味旅行中的點點滴滴，卻愈益體會到對自己國家鄉土的依戀與熱愛，這一分眞摯的情操，尤爲感人。

尤今在一本小說集《緣》的序中說：「人與人的交往，純然是緣分。有些人，雖然交往一輩子，卻未能相知相悅。然而有的人只結交了短短的時日，卻永世難以忘懷。」這一段話，倒可引以爲我與她由相識而訂交的印證。

民國七十二年，我隨外子的調職來美，因他業務考察經新加坡。使我才得與一位神交十年之久的新加坡名指揮家李豪大姊晤面。熱情的豪姊，爲我介紹與新聞界、作家們會面。次日應《聯合早報》張道昉先生的邀請，於豐盛午餐後與青年作家及記者先生們座談。進餐時，尤今就坐在我旁邊，她儀容端莊，沉靜寡言，我只和她禮貌地交談幾句。座談時，她坐在我正對面。另外就是周粲、周望樺、張道昉三位先生。青年作家與記者們再圍成一圈，氣氛十分熱烈。尤今第一個對我發問，問得也最多，因她當過記者，喜歡窮根究柢。其他三位先生則與我侃侃而談。四位所問的問題，都非常剴切深入，態度之誠懇謙和，令我如與闊別老友舊地重逢，班荊道故般的親切。那一次三小時誠懇的討論，實在使我獲益甚多。到美國後，與周粲尤今一直通信不斷，這一分豐厚友情的收穫，不能不感謝是由於李豪大姊的介紹。

三年來與尤今書信交往中，深深感到她心靈的純潔溫厚，寫作方向之堅定正確，文章風格之清新。乃由文字之交，漸成爲性情之友。現在欣聞她這本新書將由希代出版公司出版，她來信索我寫序，爲了紀念我們這一段不尋常的緣分，這一分可貴的友情，我就欣然答應了。

尤今在國內讀者心中，也許還不是頂熟悉，但她在新加坡是華文文學造詣極高的一位傑出青年作家。她的第一部遊記《沙漠裡的小白屋》，就得了新加坡全國書業發展理事會所頒發的華文最優秀文學獎。對我們的讀者來說，在國內，能讀到海外有成就的華人，用中國文字，抒寫中國人思想感情的好文章，豈不也是一分難能可貴的文學因緣呢？

新加坡是我們友好的鄰邦，我為兩國間文學的交流跨出第一步，與今後的美麗遠景深表欣慰，也全心為尤今絢爛的寫作前程祝福。

——民國七十六年一月二十日

・《迷失的雨季》，尤今著。民國七十六年，希代出版社出版。

愛的人生

——讀《人生，我愛》

旅居海外，最大的享受，是能經常讀到自國內寄來報刊上的好文章，與各出版社寄贈的新書。這不僅是與諸同文精神上的聯繫，也因優良書籍不斷出版而感到非常欣慰。丘榮襄的作品，我不時在《中華副刊》讀到，每篇都很欣賞，也曾向主編提起，像這樣富於啓發性，引導青年讀者培養起正確人生觀而走向光明奮鬥之路的勵志文學作品，實在是今日忙碌的人們，在過度追逐名利的工商業社會中的一道清流。

我雖與作者尙無一面之雅，但從他的作品中，可以認識他讀書、爲人、爲文與教學的誠懇認眞。可謂讀其文想見其人，文章就是他生活與樸實性格的寫照。

他平平實實地描寫自己貧窮而快樂的童年，踏實而日新又新的教學生涯，對學生的愛護，對社會青年的關懷，都不擺起「教書先生」的嚴肅面孔。他絲毫也不賣弄華麗詞藻；更不玄之又玄地說許多人生哲理，而那一分懇摯，卻在字字句句中，自然流露而出，令人感動。

最近，他的又一本新文集《人生，我愛》出版問世，寄來稿樣，要我寫幾句卷頭語。我雖愧不敢當，但想到一位尚未謀面的文友，願意讓萬里外的我成為他新書的第一個讀者，可見在文章上彼此心靈的投契，與寫作方向的相同，是非常值得人欣慰的。因而也感到寫小文作介紹的義不容辭了。

作者在自序中說，他高二選的是理組，著迷於數理，高三轉了文組，天天背史地。大學卻又讀的法律系，偏偏又廢寢忘食地寫他的小說，一方面選讀教育學分準備當老師。可見他興趣的多方面，與尋求生活的多變化。他連騎自行車上下班都要換不同的路，搭公車也要常換不同的客運公司，可見他並不是刻板的「教書匠」。他有一顆活潑的心靈，渴望能多方面體認生活經驗，才會對生命有這分執著的熱忱。

我讀了集中多篇文章，眞爲他那股發自內心的熱力，與對生活的怡然自得，深深感動。在〈人生貴適志〉一文中，他說：「一個人如果能一輩子從事他喜愛的工作，不管生於古代或現代，他都是個幸福快樂的人。」此語深獲吾心。作者從國中、高中教到高職，從來沒記過學生一次過。我也是個熱愛教書的人，回想自己在大陸從小學五年級教到初中高中，也從未記過學生一次過。到今天，仍不斷有從各國寄來當初中學生的書信與照片。對我說「老師，我好想念您」。這就是榮襄所說的「一個快樂幸福的人」，可以享受無比富有的人生。在該文中，他說：「寫作是寂寞孤獨的摸索，是流著眼淚播種。」我倒不認為如此。我覺得寫作是把心靈開放向千千萬萬的讀者，是滿懷歡欣喜悅而寫，而不是「流著眼淚播種」。孔子說：「不患莫己知，求為可知也。」願榮襄深體此言。一分耕耘，自有一分收穫。他之能當選中興大學法律系傑出系友，與全國特優教師，正是他忠於教學，勤於寫作，快快樂樂播種所獲的榮譽啊！

我在想，如果榮襄於法律系畢業後，投身司法界當一位法官，面對社會形形色色的罪惡，以他悲天憫人的心懷，一定是一位明辨是非，守正不阿的清廉法官。但起訴書與判決書究竟是剛性的公文書，只能斬釘截鐵地論斷一個人的罪行，而不能像文學作品那樣以柔性的感化力量，轉化觸犯刑章者的心態與氣質。所以榮襄沒有走司法官的路而從事教育與寫作是對的。

順便說說我自己，我以一個中文系出身的人，服務司法界達二十六年之久，可說是碌碌隨人，「等因奉此」，誤了平生志。目睹官場種種，與社會諸般罪行，心情是十二萬分沉重的。但愈是如此，愈願藉寫作以盡量發揚人性的善良面，人生的光明面。以期彌補缺憾，走向希望。這正和榮襄所堅持的在「美化人生、多多鼓勵善行和美德」的主張，不謀而合。

在今日江河日下，色情暴力氾濫的工商業社會，心智薄弱與好奇的青年，容易走入歧途。作家雖不是教育理論家，但從事文學寫作者，必當把持一分道德良知與使命感；這是個人一再強調的不變的主張。榮襄是成長中青少年的輔導老師，又是斐然成章的作家，他心頭責任感之沉重是可想而知的。他對青少年設身處地的指導愛護，從他另一本著作《叛逆的青年》和新出版的《奔放的青年》可以看得出來。

他自幼生長在貧困的農村，樸實勤懇的雙親，孕育出他渾厚知足的天性，努力奮發的志向。在〈糖汁飄香憶童年〉一文中，他敘述國小二年級過兒童節，老師帶他去曾文溪遠足，母親特別給他做了一個便當，告訴他是白米飯，不加甘薯籤，上面有十個黃帝豆，另外再加一包小番茄。這就是他最最豐富的午餐了，難怪他聽了就連連嚥口水。對今天吃膩了炸雞腿與滷蛋和美式麥當勞漢堡的小朋友來說，十粒黃帝豆與幾顆小番茄的素淡午餐是無法想像的，可是這個從貧窮中快快樂樂長大的孩子，就知道永遠珍惜母親爲他做的飯盒，如今乃把滿腔的感激與愛，藉文章與教學，回報人間。

他當了十多年老師，寫了十多年文章，他深深體察到成長中兒童的心態，所以主張對兒童學業成績不要苛求，重要的是他們身心的健康。在〈爸爸給我六十分〉一文中，他認爲父親與子女的親近之重要，遠勝得高分的要求。這是今日「爸爸回家吃飯」呼籲聲中父親們應當深思的。他說：六十分是個及格分數，對子女的要求不要太高，使他們對自己、對人生會越來越有信心。

這引起我回想自己在初中一時，上學期的英文成績都只有三、四十分，有一次得了六十分，老師發還我卷子時，特別喊著我的名字，讚許我進步了，我感謝那位美國老師對我的愛與鼓勵，卻羞得把頭越發低下去。從那以後我漸漸進步到七十分、八十分，乃至九十以上，但我心中常懷謙卑之念，因爲我永遠記得我是從三十分、四十分進步上來的，六十分是我第一次的榮譽分數。記得美國老師用英語對我們說：To love you is to give you room enough to grow。這也就是她對我們耐心又寬容，使我們在她的愛裡一天天長大、懂事，邁向正確的前程。自我也爲人師以後，便時時以當年恩師的教導爲念。今天讀了榮襄的文章，尤感深獲吾心而倍爲讚賞。

我知道榮襄已出了十多本書，有小說也有散文。我雖只看了他的部分作品，但從他文章風格中，可以看得出他過的是怡然自得的簡樸生活，孝順父母，疼愛妻兒，不爭名，不奪利，時時爲周遭溫馨的事物而感動得掉下眼淚。然後以他的溫厚之筆，將愛心散布人間。這樣一位淡薄自甘的性情中人，實在是成長中青少年的好導師。他的文章，是值得所有青少年，與爲人父母、師長者細心閱讀的。

——民國七十六年四月一日

•《人生，我愛》丘容襄著。民國七十六年，文經出版社出版。

總是鄉愁

——讀《沿著雪山行》

《沿著雪山行》是張寧靜一部多姿多采的新作。包含了遊記、小說、生活小品，以及對童年、故鄉和大學時代的回憶。簡媜對本書的評介是：「每一篇都有其特定的時空定位。」

作者身在巴黎，心念故土，行過千山萬水，思維卻已穿越時空，其實連他自己都不知停留在何時何地了。

作者是位散文家、小說家，他又酷愛旅遊。以他廣博的見聞學識，豐富的生活經驗，加以小說技法的靈活運用，無論是哪一種體裁的文章，都隨處呈現出生動鮮活的特色，讀來趣味盎然。

就拿〈北國雪行〉來說吧，我首先就不由自主地被他愛雪成痴的情懷所感染，整個投入那一片白淨的銀光之中。有如親見他的兩位「瘋子」好友，打瞌睡的老教授、淒美的韓國女郎，也與他一路共享奇遇。且看丹麥隧道火車裡，那個美麗少女把他的手掌捧起來說：「如果丹麥在你手心裡，東半球的中華民國就在你手背的地方了。」然後在他手背上輕輕一吻，好像在輕輕告訴他：「我喜歡中華民國。」此際看似在編小說，其實是他借此婉轉地表達了自己的心情——無論走遍天南地北，他永遠心繫故國，他愛的是中華民國。

在前文中，他就曾明白地寫道：「穿過蘇聯平原，從凍透的西伯利亞南下，大概就是我的家鄉了……白山、黑水、日月潭、阿里山……在車廂裡，背馱的竟是那四十年未能相見的家園。」

能說他鄉遊子的心情是輕鬆的嗎？

〈一棵桃樹〉與〈蒲公英〉，都是在緬懷童年、故鄉，感念親情；都瀰漫著濃重的感傷氣氛。作者以一棵桃樹的艱難成長茁壯，歷歷敘述家庭變遷。母親的病、祖母與母親的深厚情感，她們的先後逝世，父親的日漸蒼老，由於自己是一位名醫而不能挽救母親與妻子的創痛心情，父子由隔閡而日益了解親近，他都著墨在那株桃樹上。桃樹開花了，父親對他說，那是愛花人他祖母和母親的化身。

他寫道：「我第一次感覺到父親的心，溫溫暖暖地向我靠近，而且那麼熾熱。」讀來焉得不令人深深感動？

世間有多少嚴肅的父親，滿懷對兒女的愛，卻不知道，也沒時間向兒女們流露親情，如讀此文，必倍增悵觸吧！

蒲公英，這星星點點的小黃花，迷迷濛濛的小絨球。作者在歐洲又見到了。一如他在江南江北所見。但那河堤上綿延數里的蒲公英，怎如他的鄉愁「更行更遠還生」？當孩子們問他：「這些小絨球都飛到哪裡去呢？」他想會不會有一兩朵飛回故鄉？飛回奶奶常常掛念的地方，因爲他聽說蒲公英是從中國傳入歐洲的。

〈永恆的維納斯〉以輕鬆之筆，寫大學生活。牛肉麵、愛玉冰、仙草冰，令人懷念。而維納斯是十個同學共同思慕的美人兒。當他在巴黎意外重見時，形象完全幻滅，他於無限惆悵中，卻不忍讓好友失望，只有約他們到巴黎瞻仰羅浮宮中不朽的維納斯雕像了。

〈夏日已去〉與〈咖啡錯〉是兩篇盪漾著浪漫氣氛的小說。我比較喜愛前者。一見傾心、柔情似水的兩個女郎，都是從明亮的陽光中相遇，也都在陽光明亮中消逝了。陽光烘托出旖旎的愛情。但美人已去，陽光依舊明亮如夏日，只是梧桐葉子已轉黃了。作者以第一人稱著筆，引人綺思。

〈廁所談趣〉是眞正的談趣。他娓娓談這方面的豐富見聞與掌故，幽默處令人莞爾。此文是全書的調劑，也足以提供旅遊者不少入鄉問俗的知識。

我非常喜歡〈北海屠鯨記〉，眞像觀賞一部驚險萬狀的捕鯨彩色影片。沉著的老船長指揮水手與鯨魚搏鬥、數著分秒的屛息緊張，鯨魚受創後的殊死掙扎，牠不願死去所流的血，使海上一片殷紅，水手們宰割鯨魚的熟練快速……使他作嘔，使他後悔不該來看這場殘忍的屠殺。

最後他記下老船長的兩句話：「總有一天，人類不再捕鯨魚的。」但，「要等到人類的貪婪滿足時。」

「那不是要等好幾萬年嗎？」作者茫然了，我這個讀者也茫然了。

幸得在〈釣旗魚記〉裡，我高興地知道他最後把釣到的一條最巨大的旗魚放生了。雖然他是因爲無法帶走而放了牠，但我仍慶幸舌頭被釣破的可憐旗魚，總算能重回海洋。我默默地也不平地爲海洋中所有憨傻的魚類，向上天祝告，牠們的被捕，難道是由於牠們的貪嘴嗎？

〈沿著雪山行〉，當爲本書壓卷之作。他以同是寫雪的兩篇，排在首尾，足見他對雪的戀念。我也是個愛雪人。一冬的盼雪心情，直到春已歸來，仍未能忘懷。在台灣這個第二故鄉，平地上永遠見不到雪。幾十年不曾在冬天以雪水烹茶，不曾去孤山踏雪尋梅，因而更懷念大陸故鄉的雪。

我更感觸於作者寫的：「坐在日內瓦湖邊的長椅裡，心裡想的，卻是天山落日，塞外孤煙，洞庭霞照，和阿里山、關原的雲海……」

因此，與作者一同沿著雪山行，總是鄉愁！

——民國七十六年五月一日於紐澤西

・《沿著雪山行》，張寧靜著。民國七十五年，駿馬文化出版。

走更長更遠的路

——我看《月光山莊》

白水先生在他的新著短篇小說集《月光山莊》的後記中說：「劇本寫多了，有些厭倦，筆觸就再度投向小說創作，對我來說，這是一條新徑。我決心像小兒扶牆學步似的，希望在行進中，能使步履穩健下來，走更長的路，更遠的路。」

他謙虛地說是「新徑」，是「幼兒學步」。其實以他一位積數十年編劇經驗的斲輪老手，掉轉筆頭來寫小說，寫來自是遊刃有餘，得心應手的。

白水先生和我是老友，又同在中大教課，他擔任戲劇選，我擔任小說選。戲劇、小說關係密切，想把小說寫好，最好能懂一點戲劇的技巧。因此在每學期開學時，我都煩他來課堂裡為同學講幾節戲劇原理，與寫作技巧，以及小說與戲劇的關係。他總是竭誠地給學生講解，我這個旁聽者也獲益不少。

我喜歡讀短篇小說，以前又愛聽廣播劇，喜看電視劇。因此對劇作家寫的小說，更不能不看。看了他的新著《月光山莊》，自然多多少少會有點感想，寫出來就教於作家本人，豈不又是一分收穫？

對這本小說集我的第一個感受是，每篇都像在觀賞一齣電視劇。故事曲折，人物頗鮮活，也有高潮、有懸疑。像第一篇〈女屋〉，氣氛有輕鬆，有緊張，有纏綿，有陰森。以憨傻無知的阿香，與心事重重的桂枝作對比。而〈女屋〉由少女們審問新娘的喜氣洋洋，轉變成含怨自縊的悲慘陰森，又是一層對比，故事的倒敘穿插，想來也是作者用心的安排。

我比較喜歡的是〈秀雲與我〉一篇，寫秀雲對「我」，於無限幽怨中的感激與仰慕。萬縷柔情，只以手織的一件毛衣表示，遞給他就匆匆回頭走了。著墨不多，益見含蓄之美。可惜的是這位坐懷不亂的「我」，幾次三番地不敢接納她的愛而致秀雲慘死白楊樹下。這是命運的安排？還是「我」的不夠勇敢？作者寫到最後，一定也為「我」感到錐心之痛吧！

〈月光山莊〉，一開始就可猜到，這個初出茅廬的少女，一定會愛上鰥居的中年男主人的。但在我的感覺上，邱明霞以一個大學畢業生，四年中也曾有不少男同學對她屬意，怎的會見到一個暴發戶型的傖夫俗子，一下子就愛上了他？況邱明霞並不是一個仰慕虛榮的女性，難道眞個是少女情懷，使她迷失了理智？作者在她對他心理過程上，如能多加描寫交代，也會使讀者更容易同情邱女。她的懵懵然答應陪他出遊，致鑄成大錯，過程太快速。也許是作者有意警惕懷春的少女們，意志不可薄弱吧！

〈更殘漏斷〉是壓卷之作。女主角的軟弱，是悲劇的主因。她草草地嫁給小吃店油膩膩的老闆，又在狂風暴雨之夜，與丈夫的表弟「熱戀」。在讀者看來，阿本的生身父親，順理成章地當爲表弟無疑，卻突然出現一個惡棍，原來是阿本的生父。而刺肉出血，證明父子連心之事，不知是迷信還是有科學根據？作者穿插此一突兀人物之出現，目的是爲製造意外的高潮。但我坦誠地認爲是否可以省去？就讓表弟是阿本的生父，豈不一樣是一幕無可奈何的悲劇嗎？相信作者當不以我言爲忤吧！

〈四喜臨門〉與〈爸爸的婚事〉二篇總算讓讀者在悲劇的沉沉氣壓下轉過一口氣。他確實發揮了喜劇手法。尤其是〈爸爸的婚事〉一篇，人物多，動作快，對話輕鬆。媒人何老師，做媒不成，自己倒成了新娘的大團圓結局，完全像看一幕幕的電視喜劇。娛樂了讀者，也稍稍沖淡全書這分沉重的悲劇氣氛。

除了這兩篇以外，其他各篇都是悲慘結局。世間不如意事，原是十常八九，作者在後記中特別聲明，小說中的情節或人物，幾乎都是他所熟稔或接觸過的，可見他並非面壁虛構。如此看來，他是懷著一分無可奈何的沉重心情，寫下這些篇章的。猜想他的目的，不只是想賺人的同情之淚吧！

最後，我有一個疑問，就是關於「性關係」的描寫，或類此的對話，在不是以強調「性飢渴」或分析「性心理」爲主題的小說中，是否可以出之以更含蓄之筆？這也未始不是文學之美。朱先生是一位年長的作家，他對這方面的描寫，已算「筆下留情」，點到爲止。但在第一篇中，爲了表現阿香被逼發急，群女的頑皮追問，朱先生對此點一再描述，著墨頗濃。如換以寫新娘嬌憨、欲言又止的神態，而將羞於啓口之事，一筆帶過，豈不也無損於情節的吸引人呢？這只是我這個古老腦筋的落伍想法，質之作者，以爲何如！

我知道朱先生寫小說的清興正濃。想他於「走更長更遠的路」中，一定會運用他老練的劇作家之筆，寫一部反應時代，描繪人性的長篇以餉讀者。其中必然是悲中有喜，亦喜亦悲的豐富情節，令人深思的嚴肅主題。則幸運的讀者們，將於《月光山莊》之外，更見山清水秀、柳暗花明之村了，讓我們拭目以待吧！

——民國七十五年五月

・《月光山莊》，朱白水著。民國七十五年，九歌出版社出版。

難得忘年話友情

——讀佩瑜散文集

我有許多位「忘年」之友——忘了彼此年齡的差距，談笑玩樂得極為投契，也使我重回「少年時」，佩瑜就是我忘年之友中的一位。

與她交往的時日還不能算很長，但初相識就欣賞她淡雅的氣質、平易的態度，漸漸地更發現她對工作的熱忱，和對朋友的懇摯。

她在兒童教育與福利工作上的成績與貢獻，是有口皆碑、毋庸我贅述的。但她近年來於百忙中擠時間不斷寫作，竟也斐然成章，則是我這個「老」朋友深感欣慰的。

佩瑜性格爽朗開放，而思維沉潛細密，又有豐富的想像力、創造力、穩健的領導才能。更難得的是有一分功成而不居的精神。以如此一顆美好的心靈，從事寫作，先不說文章技巧，至少其內容必定是誠於中而形於外的。凡是發於誠的文章，便有其基本上的文學價值。因為「文不足以入人，足以入人者情也。」佩瑜是一位充滿愛心的「有情人」。

她之所以有這樣溫柔細膩的性情，一來是由於自幼承受慈愛雙親不嚴不寬的教育，二來則有關她中學時代的一段生活。在高中時，她在修道院附設的學生宿舍居住了一年。修女們的溫文謙和勤懇，和對人充滿關愛的態度，深深感染了她少女純潔的心靈。在一篇文章中她回憶說：「修女們穿著白衣長裙，飄飄然沿湖岸走向教堂。那安詳寧靜的神情，看去多麼超凡。很希望自己有朝一日也能住進修道院體會一下不食人間煙火的生活情調……」

但她卒業大學後，並沒有進修道院去不食人間煙火，而是把整個心魂投入人間，貢獻出她全部的心力，爲社會人群，爲天眞無邪的兒童謀福利，因而開拓天地至無邊的開闊。其實她也看到有一、二修女，只爲一點小事不順心就大爲憤慨。她們把身子裹在道袍裡，把心封閉在圍牆裡，連獨善其身都不可得。由於修道院中正反兩面的啓示，她深深領悟，無論是否宗教信徒，第一是要把愛回報人間。她說：「我並沒有藐視那樣的修女，而是使我對人生的迷惑，豁然開朗。」

由此可見，宗教信仰固可富裕人的智慧，而智慧正足以闡揚宗教的深義。佩瑜不是宗教信徒，但她對工作表現得如此生龍活虎，對人處事能恰如其分，想來就是由於她的智慧靈心。由此一點智慧靈心，發而爲文，將使工作與文章融而爲一，相得益彰。因爲她在工作上構思設計的盡心，與對人生的體認，正可以灌注於文章。定當見其文章內容踏實，感情眞摯。這正是修辭在其誠的不變原則，盼珮瑜能深體此意。

我初次讀她文章，是她發表在《國語日報》家庭版的一篇〈他鄉作客——第二家〉，一口氣讀完後，相當激賞，乃電話勸她勻出時間多寫，她很高興地說：「倒是愈忙愈想寫。」正和我自己一樣，朋友的一句眞心讚賞，會增加無限信心和靈感。我稱之爲「以友會文」。由於朋友的鼓勵，而多寫文章，比「以文會友」尤富親切感。

嗣後，益見她文思泉湧，篇篇都有可讀性。我旅居國外四年來，與她精神上的聯繫，除了偶爾通信以外，就是讀她在《中華日報》家庭版的專欄，以及散見其他報刊的文章。無論知性的、感性的，讀來都深獲吾心。

尤使我欣然的，是這類發揚人性美好面，人生光明面的文章，對今日成長中的青少年心智，啓發頗多。還可以多多少少驅除近年來文學上令人憂心的汙染。

我非常激賞她「清風細語」的每一篇章，言之有物，文字簡潔，寫作態度誠懇，有時也相當幽默風趣。比如有一篇談煩惱的小品，她說「煩惱像水果，是會成熟的，成熟以後，就把它摘掉，一摘掉就輕鬆了。即使過一段時間，又會再生新煩惱的果子，仍可以再摘掉。」（大意如此）這使我想起我的母親，在煩惱時對著一棵繁枝茂葉的樹，定定地看著。她說「看著樹心情就舒坦了，樹葉會落、花會落，果子也會落。我滿心的煩憂也只有丟棄了。」母親眞是位「哲人」，因此我稱那是母親的「菩提樹」。

佩瑜年紀輕輕的，體會竟有如此之深，她不但不加重煩惱，還會把煩惱摘掉，難怪我在台北每逢心煩時，與她一見面，由她帶我去快樂兒童中心或兒童圖書館兜一圈，心裡就快樂起來了。

有一位記者朋友說：「與她相處不覺得她是個大忙人，她會把時間統統給你，這一點她跟別的忙人很不同。」說得一點不錯。我現在靜處斗室，就想起與她多次相聚的情景。我們傾心而談時，她手中就剪著各種立體文字，或以彩色絲線教我編結蜻蜓蝴蝶，或爲我修改不合身的衣服。那一分從容不迫，情趣盎然的神情，使你覺得她總有比我這慌慌張張的人多千百倍的時間。照顧朋友以外，仍一步步策畫推展出工作。難怪她這兩三年來，文章愈寫愈多也愈寫愈圓熟了。

客居異鄉，與好友「報上見」是一分心靈上無上的享受。佩瑜的小品，亦時見此間《世界日報》副刊與家園版。讀時彷彿與她面對談心。記得有一篇題名〈也是街頭藝術〉，描繪的是她社區公路邊的一名埋頭工作的鞋匠，五彩太陽傘下，一隻隻破鞋舊履，都變得煥然一新；南門市場一間水果店的精心巧妙設計；青年公園附近豆漿攤販女主人的一身別致高雅打扮。這些街頭景觀，一入她慧眼，都成藝術畫面。她的領會是：「市井小民，不諳音樂，不懂繪畫，但他們樂觀、認眞勤奮的生活態度，呈現出來的景象，有美化街景的作用。」

因此我說，佩瑜的這些小品，也可起美化心靈的作用。如今欣聞她的作品將結集問世，來信要我寫序。使我想起幾年前為了鼓勵她勤寫，在電話中對她許的願心。我曾說：「你將來出書時，我給你寫幾句卷頭語。」現在，書要出版了，她來信索序，我當然義不容辭。但這篇文字，不算序，而是我與她一段忘年友情的紀念。

最近她來信說起一位與她同輩的知己好友，夏祖麗遠適澳洲，她心情有時不免會感到寂寞。她說「九年來都在為兒童福利研究、策畫、構思、推進中度過，日子過得興奮而忙碌，但也有飄忽而過，驀然回首，若有所失的感觸。」

我讀此也不免悵然。我比她年長得太多，也經歷過太多的花開花謝、潮漲潮平的滋味。想想，燈火樓台，豈有長夜通明的？笙歌院落，總有歸於寂靜的時刻。佩瑜正當盛華，於繁忙工作，掌聲讚譽的絢爛之中，以她少女時代獨處修道院的靜思所得，對九年來的工作，作一回顧，一定更能領悟「繁華落盡，益見眞純」的靜中之趣。也就不會有「驀然回首，若有所失」的感觸了。

這本集子的篇章，著筆較偏知性，今後若偶能糅以女性溫柔之筆，抒寫情懷，則對一花一木的溫存，將益可增加她文章剛柔互見之美了。

——民國七十五年十二月十五日於紐澤西

夢中的花朵兒

——觀賞卓以玉畫展

初識詩人畫家卓以玉女士，是在志清作東歡迎她的餐聚上。那是去年十一月下旬，她應中華文化中心之邀，來紐約「台北畫廊」舉行個展。與她握手之間，她那一對明亮的大眼睛和爽朗的神情，給我的第一個印象，她是西方的。但當席間大家談笑風生，她總是謙和地微笑著，多半是靜靜地聆聽，談話不多，我便又覺得她是非常東方的。

我們並肩談她風行國內膾炙人口的「天天天藍」，也惆悵地提到許芥昱先生的倏然消逝。覺得在白駒過隙的短暫人世間，有時會因與性情投合者的偶然相遇，顯得人生的豐富與美好。

席散後，在拂面的涼風中，大家走向志清的寓所。跨進門，一眼就看見壁間掛的，正是以玉贈的畫。滿幅的深淺青藍、深淺黃綠，托出三兩朵深淺嬌紅的玉蘭花。似搖曳在雲霧中，似浮動在波光裡。那一抹朦朧、那一分照眼的明媚，給你一切歡愉。我卻對此景有似曾相識之感，是什麼原因，說不出來。

回轉身來，才看見小圓桌上擺有一籃鮮紅的柿子。柿子之碩大，是我從未見過的。籃子旁邊是橫七豎八的書籍、雜誌和一些未拆封的報紙。這一副司空見慣的凌亂，襯著鮮紅透亮的大柿子，由於壁間以玉那幅畫的映照對比，卻使我有「夢窗凌亂碧」的特殊感覺，這只是因爲我太沒有藝術修養，因而隨心予以組合吧？

臨行時，以玉遞給我一枚小的紅紙片說：「參觀我的畫展時，你選中哪一幅，就把這紅紙貼上，寫上你的名字，那幅畫就是你的了。」初次會面，我實在不好意思領受如此厚的贈與，但她的誠意使我不得不愧感地接受了。

文化中心台北畫廊展出的那天，我按時去了。在中外來賓冠蓋雲集中，我只悄悄地沿著牆邊，一幅幅欣賞。

我實在不諳藝事，所以眞正只能做一個全外行的觀摩者。在我整體的印象中，覺得以玉的毫端，所滴落的水墨與色彩，全是她自由奔放的澎湃感情，卻於形象的顯現中，見其收放自如的技法。這是由於她對西方藝術的修養，與本身的智慧才情。有時她把深紅淺綠，化在青青淡淡的水墨之間，有時又以鮮紅與深綠相對比。有時則整幅鮮麗奪目。比如那幅題「春意」的杜鵑花，豔紅撲面而來，使人感到春意盎然。又有一幅「蝴蝶」，栩栩然如將振翅飛出。這是比較具象的。有的呢？卻是界乎具象抽象之間，無論是雲樹、山林、海浪、春花，就那麼濃濃淡淡、層層疊疊地點染，似無意，似有意，似眞似幻，似有形，似無形。比如「花影如林」那幅，似花還似非花，引人入迷離惝怳之境。我一直很喜愛宋人的兩句詞：「換雨移花濃淡改，關心芳草淺深難。」大自然間的一切景象之變化萬千，以玉以其細膩的靈心，揮灑自如的彩筆，於豪邁與纖細之間，把花草樹木的濃淡深淺，都捕捉住了，留住了一剎那的美，固不必求其形似。古人論詩有云：「作詩必此詩，定知非詩人。」我想借此讚美現代畫家：「作花必此花，亦知非畫家」，質之方家，得無莞爾？

至於海呢？原是波濤壯闊的，以玉畫海有好幾幅：「海送涼風浪送花」、「海的前奏」、「情深似海」。她以青藍水墨與光影，化澎湃壯闊爲似水柔情，令人低徊無已。已故的許芥昱教授在〈卓以玉的詩畫世界〉一文中說：「她揮動的那枝腕筆，看來似乎比她的手沉重，筆下的紙，也似乎承不起那雄健的筆觸，和筆上豐盈的水墨和水彩……」我想紙和筆承受不起的那分沉重，除了她的豪情之外，當更有一絲無邊無際的柔情吧！文學與藝術，其原動力本來就是一個「情」字，不知人間情是何物的人，不足以與談詩論畫，徒有情而不知以理馭之者，亦不足以與論詩畫之境界。以玉沉潛於中國古典文學，深諳老莊與禪理，佛家的「不可說，不可說」是否都隱藏在她的詩與畫中了呢？

其中有一幅，畫面是許芥昱先生的詩：「我的手，劃一根火柴，點著一株火苗，這手是我的，只見火苗在長高，火在說話，在拉手……」背景渲染的是一片深淺紅，許先生逝世了，他對朋友，對莘莘學子的情意永存，他點起的那株火苗，將永遠燃燒、長高。我與許先生前僅一面之緣，但他的白髮長鬚，他的酣酒高歌，和盈眶淚水，使我們接觸到他至眞至善的胸懷，在畫前，不免悵惘久之。

我發現以玉愛畫夢，那麼抽象的夢，她用水彩把它托出來了。她以黑的山、紅的火，畫出「一縷夢」，她以一團團的紅與綠，顯現了「如夢如痴」。當我的眼光接觸到「夢中的花朵兒」那一幅時，我駐足不動了。因爲這正是我要捕捉的夢境，它確是似曾相識。與志清壁間的那幅玉蘭花相似，但更朦朧，更柔媚。我對以玉說喜歡這一幅，她幫我把紅紙貼上了。這是荷花，浮動於水光雲影中。

我擁有了這幅「夢中的花朵兒」，心裡感到好踏實。我說它「似曾相識」是因爲我早年常常會作一個夢，夢見一團彩色繽紛的圓球向我滾滾而來，當我伸手去捧握時，彩色圓球消逝了，夢也醒了。醒後總是虛虛恍恍若有所失。是我一直在追求著一個達不到的願望，才有這樣的夢嗎？好在後來年事日長，所有的企盼願望都付之一笑，夢也不再有了。但現在我所面對這一片朦朧的花影，可以用手觸摸它，用眼一直注視它，我眞的有一分踏實感呢。一位畫家，怎麼會想到把別人的夢境畫出來呢？以玉曾對訪問她的人說：「我以中國的毛筆，試著去捕捉一點點美，使它長駐，得以與別人分享。」她眞的把美捕捉到而且使它長駐了。

以玉涵泳於中國古典文學，卻並不同於國畫家的畫上題詩以見主題，她是從老莊詩經楚辭魏晉唐宋詩文精華中，探求詩與畫境界的合一。她說：「中國詩自古以來，是最富感情的，它像一面鏡子似的，照出了我國的文化。」因此，她借中國的詩與畫，把中國人的生活、經驗、思想、感情糅合在一起，介紹給外國學生。她說：當我講解中國畫與書法，以及我們中國人對自然的感受時，孩子們的眼睛都發出光來。」可見她傳播中國文化的滿腔熱誠。

我想藝術與文學的薪傳，就在不斷的承受與融合。不懂古典，無以談現代，未經中國文化的薰陶，也無法寫出中國人自己的詩，畫出中國風格的畫。以玉的不斷努力，推陳出新的成就，就因爲執著於這一點吧？

以玉定於八月四日至十一日在台北市立美術館，舉行畫展，她在電話裡告訴我，除了畫以外，還有詩、文與精工設計的寶石首飾。臨行前，她爲我寄來幾幀首飾設計的彩色照片。由於她建築藝術的素養，每一項首飾，就是一件雕塑，令人歎賞。想於展出之時，定有一番盛況。而以玉於暢遊名山勝跡，觀摩古今名畫以後，畫境定將更上層樓，特以此文遙寄虔誠的祝福。

——民國七十四年七月

菩提樹的聯想

——讀《菩提樹》

由於我自幼生長在佛教氣氛濃厚的家庭，對「菩提」二字，雖不明深義，卻總有一分莊嚴中帶著親切的感覺。只要默念起「菩提薩埵」便覺煩惱全消，智慧頓開似的。

我曾寫過一篇短文〈菩提樹〉，追憶慈母每天忙完家務，總坐在陽光亮麗的廊下，凝視著院角一株不結子的枇杷樹，不言不語。問她想什麼，她說：「什麼也沒想呀，我只是望著那棵樹，看樹腳的藤蘿往上爬，我心裡就覺得舒坦，彷彿把煩惱都掛在樹上了。」母親懂得化煩惱為菩提，因此我稱那棵樹為《菩提樹》。

事有湊巧，最近讀到黃文範先生寄來的幾篇文章，其中一篇的題目也是「菩提樹」，並知道他將出版一本散文集，書名就是《菩提樹》。

我一直欽佩文範譯著等身，凡是他賜贈的西洋名著翻譯，都曾一一拜讀。知道他治譯之餘，也偶然寫點理論文章。但這幾篇純文藝性的生活小品，倒是第一次讀到。亦頗驚異於他另一面的興趣與才情。

其實我是不必驚異的，因爲在拜讀他長篇譯著時，從他的一字一句中，就可以想得到，他必然同時有一枝寫散文的健筆，只是在行有餘力之時才用就是了。

有人說：「散文是作家的身分證。」意思當然是說：從事任何文類的創作，都當以散文爲基礎。我想豈止創作呢？在迻譯方面，要求文從字順，雅俗共賞，信達雅面面俱到，端賴散文的深邃功力。

文範的譯著，全部都保持了原作的本來風貌，卻找不出一句洋腔洋調，也沒有一個生硬不化的文言字眼。字斟句酌，卻是筆調自然。這就是由於他治譯之外，同樣用心於散文創作之故。

他對中國古典文學興趣之濃厚、鑽研之深，是我素所深知的。最近讀到他一篇〈買四庫，讀義山〉的文章，想見他得古籍如獲至寶狂喜心情。他有時還作舊詩或集古句以遣興。因此在他的散文中，常饒有古典文學的情趣，有的題目都是詩意的。他曾對我說過，爲了避免浸滯於西方文字句法過久，以致不知不覺中會爲其所移，所以總不時地研讀中國古典文學書籍。有時也隨興之所至，寫些散文以爲調劑。

也有人說，翻譯工作做得太多了，心情會懶惰下來，創作的靈感會漸漸少了。這也許是文範於譯事之外，仍不放棄散文的原因吧！

其實，所有的翻譯名家，幾乎每位都是散文高手，不必一一列舉。但散文家也能翻譯的爲數極少。當然外文的修養，就是第一要件。我個人寫了這許多年的散文，對翻譯卻只有老大徒傷悲了。

我知道迻譯是一項嚴肅的工作，對一個譯者的訓練是字字扣緊、句句落實。婉轉表達，卻絲毫不違原作者的本意。這，除了文字的鍛鍊以外，對於資料的蒐集與研究，也是需要下一番苦工的。這種探本追源的考校工夫，文範於譯著時固然絕不可少，在他的散文也可見到。例如〈蘆溝橋〉一文，證明「盧」、「蘆」、「瀘」三字皆可。但在文學上卻偏愛用盧字。他找出了有詩、圖、文爲證。不輕易因乾隆所題「盧溝曉月」便放棄了另覓資料。這種一字不苟的認眞治學態度，是值得我們敬佩與效法的。

他因在花蓮住的時間最久，所以對花蓮有一分深厚的情誼。寫花蓮的文章也較多。在〈小城〉一文最後一段，他寫道：「當大城市裡的朋友問我爲什麼還待在這兒，我除了微笑之外，只能回答：『如果不是我喜歡它，便一定是它喜歡我。』」相當幽默，花蓮怎能不喜歡他呢？

幽默之外，他更多溫厚之情。即以〈菩提樹〉一篇來說吧！他寫自己那麼愛菩提樹。第一次的移植便非常成功。離開它以後再來時，已見碧油油的圓葉迎風招展。第二次再從新樹上移植，想像著不久濃密的林蔭將是兒童們遊戲的好處所。卻沒想到一夜之間，嫩芽盡被頑童摧折。他於痛惜之餘，卻原諒孩子們可能是把菩提嫩葉誤認作桑芽摘去餵蠶了。「每個人都有延續生命的感情，只是孩子們不懂得樹木花草也有生命啊！」他這樣歎息著。

多麼寬厚感人的菩提心啊！

最後他為了替受傷的菩提樹築一道籬笆，笑吟吟地對站在邊上看的同事說：「請替我請一天假，孩子病啦！」

那麼，菩提心也即赤子心吧！

集名《菩提樹》是我所深深喜愛的。因爲我對「菩提樹」有一分特別的戀念，對「菩薩淨土」更懷有無上的尊敬之意。因釋迦牟尼在菩提樹下透悟成佛，故「菩提樹」亦稱「思惟樹」。作者以此名書是包含著深遠的意義的。

菩提樹經冬不凋，也是長青樹。正象徵作者從事文學工作逾三十年，於專心翻譯之餘，仍保持對散文創作鍥而不舍的長青精神。

這就是我爲何有感而寫此小文的原因了。

——民國七十六年七月

・《菩提樹》，黃文範著。民國七十七年，光復書局出版。

女人難爲嗎？

——讀《女人難為》

生爲八十年代的新女性，想做一個盡責的妻子與母親，又立志要在社會上做個頂尖兒的人物——所謂的女強人，心理上一定會感到面臨挑戰的層層壓力，而興「女人難爲」之歎！

女人眞的難爲嗎？你若讀了吳玲瑤《女人難爲》這本文集，就可以獲得一個答覆了。

吳玲瑤近年來在海內外報紙副刊上陸續發表了很多篇簡練雋永的短文。她以感性的、也是理性的筆調，誠誠懇懇地，與你侃侃而談，告訴你女人並不難爲。無論你扮演的是什麼角色，只要不斷地自我充實、自我提升，懂得如何處理生活，如何調整心情。

這一系列的文章，結集成書以後，她幽默地取名爲《女人難爲》。切切實實地代表了現代女性的心聲。

書的封面上提了一句話：「如果有來生的話，也許你可以選擇……」你細讀此書以後，也許你會選擇，願來生重作女兒身。因爲聽作者吳玲瑤，這位年輕、幸福，又多才的新女性，爲你娓娓道來，她正確的見地、平實的例證，會使你感到，生爲女性，正是上天對你的分外愛顧。使你有更多的機會，發揮潛能與美德。將全心的愛，獻給家庭與社會。使男性世界更多采多姿，使人生更美滿幸福。因而體會到，做女性是値得驕傲的。

就以作者本人爲例，她卒業大學，繼續修得文學碩士學位以後，卻心安理得地待在家中，做個賢妻良母，絲毫也沒有不服氣與失落感。她於相夫教子的閒暇中，以細膩清新之筆，寫出她爲人妻、爲人母的心路歷程，處世處事的態度，與對現代女性諸般複雜心情的分析。由於她旅居海外多年，對東西文化的衝擊，深有體認。

以她豐富的新知識，加上善感的靈心，其精緻的短文，頗能引發讀者會心的微笑，而感到女人大有可爲。

薇薇夫人在本書序中說：「作者如沒有足夠的自信心，開闊的胸襟，光是尋找自我就夠她苦惱的……」而吳玲瑤這個純主婦確實一點也沒有苦惱，她樂觀、豁達而堅定，以枝女性溫厚之筆找尋到自我。寫出自己對生活的欣賞，對生命價值的認知。也提示別人如何找尋自我。

所以無論是未婚已婚的女性，無論是家庭主婦或職業婦女，讀此書都將有「深獲吾心」之感。

《女人難爲》共分五個單元。談愛情與婚姻，談父母與子女，談困惑人的女性問題，談如何追尋快樂，最後談美國華人社會種種。她舉了個人接觸到人物故事爲例，也引證了許多新知識。例如〈兩地相思問題多〉、〈把陰影留在背後〉、〈再見舊情人〉諸篇，風趣如讀小說。〈小芳鄰〉、〈沒有童年的孩子〉、〈老人的智慧〉諸篇，引人棖觸至深。而〈養兒不易〉一篇，眞使我恨不得時光倒流，再讓我由年輕的母親從頭做起。最〈何妨再年輕一次〉、〈別告訴我你的祕密〉、〈寂寞〉諸篇，明察事理，發人深省。最後一輯中的〈自己解決問題〉、〈把學問融入生活中〉、〈華裔子女的性教育問題〉諸篇，值得海內外讀者的參考。

作者的夫婿陳漢平先生對妻子的欣賞，說明了一個道理：女人並不難爲，但最後得有一位志同道合的伴侶。陳先生在本書後記〈看女人〉的最後一段說：「閱讀此書，我除了對現代女性的智慧和毅力極感敬佩之外，更深深體會到女人眞的很難爲。同時也對古往今來男人對女人的種種無知、疏忽和不了解，深深地感到抱歉。」有如此體貼的丈夫，作者更不致有「女人難爲」之歎。

如此看來，不但女性當讀此書，男性也應細讀一遍，以求多多了解女性，也以免難爲了女性。

我倒是想起兩句前人的詩來：

一室莊嚴妻是佛，

六時經濟米鹽茶。

這位舊時代的男性詩人，居然如此體諒妻子，感謝妻子一天十二個鐘頭都爲柴米油鹽張羅，乃把她當佛一般地尊敬。這位妻子，一定也心平氣和地感到，女人並不難爲吧？

——民國七十六年七月一日

・《女人難爲》，吳玲瑤著。民國七十五年，希代出版社出版。

莉莉，一朵淒苦的花

——讀《金盤街》

去年在《聯副》連載林太乙女士的長篇小說《金盤街》，並不是已有六種歐洲語文譯本的英文版的翻譯，而是作者於久居香港十五年後，對香港的環境有更深刻的觀察體認，再用心重寫的。由於讀者是中國人，她可以盡量刻畫唯有中國人才能領略的背景和心態，因而也更能將全心靈投注其中。藉了進展合理而吸引人的故事，栩栩如生的人物，鮮明的場景，呈現出令人沉思慨歎的深刻主題——香港貧富的懸殊，社會的不公平，人類求生存和力爭上游的酸辛。

本書由純文學出版社印行後，自必擁有更多的讀者。我又細細重讀一遍。激盪的心情，不由得隨著書中人哭笑、歎息、咒罵。金盤街這個貧民窟裡的每個人，與貧窮潦倒掙扎的痛苦歲月，看來似無已時。如果不是悲憫的作者，使剛掙脫母體的嬰兒，由藍色轉變爲粉紅；如果不是寶倫在明亮的初陽中放步走向學校，重新聽到悅耳的上課鈴聲，我眞要爲這苦難的一群人，掩卷而泣。

全書共分三部，結構嚴謹，脈絡分明。作者巧妙地運用了象徵、伏筆、對比、陪襯、抑揚、懸疑、前後呼應等技法，使故事的結構充滿張力，加上隨處散發語言文字的魅力，引使讀者非一口氣讀完，又要細心再讀不可。

《金盤街》的主角是儀玲、莉莉、寶倫母子女三人，而以寶倫爲主線。由他帶著讀者進入湫隘寒酸的危樓，然後一個個人物，鮮活地呈現在你眼前。作者對敘事觀點的把握是十分成功的。透過寶倫眼中，看見「叔叔像個麻雀，用筷子從地上撿啄起菜來吃」。「叔母站在烈火熊熊的爐前炒一鍋韮菜豆腐……眼睛亮得好像有鬼附身」，父親是隻「病鳥」，（還有會計鳥，失業鳥，貴族學校鳥。新名詞的創造予人以鮮明印象。）母親「隨時會把臉揉成難看的一團皺紋，也會像塊緞子一樣，攤得平平的」。「莉莉一雙漆得鮮紅指甲油的赤腳靠在欄杆上，歎說天下沒有不可能的事」。簡明的幾筆，有如畫家的速寫，勾畫出人物的特徵。作者並不介入其中，作旁白式的冗長敘述。她賦予十三歲的寶倫以耽於夢想的藝術家氣質，也成了他內心最矛盾病苦的主因。他對現實的渴望是好好念完書，出人頭地。因爲母親給他的壓力是「兩房一廳」的安適生活。這個家庭的坎坷遭遇，作者在開頭就埋下了伏筆：寶倫覺得生活會來個大變化。聽到政府將拆金盤街，可能每戶補償十萬元，以爲大變化即將來臨。母親說一個人生來窮，並不就窮到死，姊姊說風水輪流轉，處處強調他們對貧窮的抗議。看來這一家將有一番「大作爲」，可是命運帶給他們的第一個大變化，卻是父親的患肺炎而死。

儘管「金盤街」永遠在黑漆漆一片中，作者卻有意予以著色。例如瘦婆的床位堆滿盛開彩色繽紛的菊花、劍蘭、玫瑰，都是塑膠的（「塑膠的」三字擺在後面，要比擺在「盛開」兩字之前效果更高，於此見得作者下筆用心處）。又如「月亮升起來了，把金盤街抹得像剛擦過的銀器。」故意以鮮豔、明亮的光作簡陋暗淡的反襯。像這類閃爍才華的筆觸，俯拾即是，美不勝收。「金盤街」三字也正是強烈的象徵之筆。

人物的語言口吻與動作，十足表現出各人的性格、身分和心態。例如儀玲，教育程度不高，說話就比較粗俗，卻是自視不凡，有時也妙語如珠。她說：「姓蔡的一家都一樣，像白菜，我姓杜，是杜鵑花。」寶倫覺得母親是：「像朵杜鵑花，在潮溼悶熱的夜裡開了，吐著對過去的留戀，未來的希望。」畫出母子性格之不同，也令人於淚光中爲之莞爾。寫莉莉「張開口，等一滴水滴進去，舉起腳，希望每個腳趾上都滴到一滴水。」暗示她對幸運的渴求。她想穿白紗禮服參加宴會，想抱一隻小狗搭飛機去美國，這些空中樓閣的欲望，對一個受貧窮折磨的十九歲少女來說，是格外值得原諒同情的。可是她一想到：「明天要燒開水，把瓶子消毒（釀補酒）。」立刻又從幻想跌回現實。這種跳躍的筆法，正如寫寶倫在課堂中作習題，忽然想到父親的屍體在冷凍庫裡像條冰淇淋，一樣令人酸鼻。作者悲天憫人的含蓄之筆，暗示現實與理想的衝突，盡在不言中。

父親送醫院，一去不返，卻不曾有一筆正面寫死亡。只著墨在儀玲身上。寫她「繼續地拖地板，拖上、拖下，一直拖著，父親躺過的草蓆已經捲起，床板也洗過了」。她好像無動於衷，沒有一滴眼淚，卻好多次寫她「滿臉汗珠」，暗示困窮歲月，已使她只知辛勞，不感悲傷。寫她從床下取鈔票的動作十分仔細，越發襯托出一片淒涼氣氛，重壓讀者心頭。直到阿發姊問起，她才大哭，但一聽說有人買補酒，立刻停止哭聲，神情逼眞。因爲她哭的是貧窮而不是丈夫的死。叔母的勤勞踏實，和她女兒美珠的樂觀天眞，與儀玲母女形成對比。叔母給她們出主意，儀玲都不接受。她不肯認命，想一步登天。當她們眞的搬出金盤街，遷入小公寓時，她有出幽谷遷於喬木的揚眉吐氣。在叔母眼中，明知好景難長，最後重回金盤街，照顧莉莉生產，叫她掙扎再掙扎的還是叔母。首尾遙相呼應，暗示苦難的人生，只有咬緊牙根，面對現實。

反襯筆法，也是被多次運用的。例如寶倫在父親死後，百無聊賴中，看瘦婆「一串串粉紅的麝香豌豆花做起來了」，他也去幫她做，瘦婆臉上露出微笑，會做花的是老醜的瘦婆，而不是妙齡的莉莉或美珠，也是作者有意的安排，可收反襯之功。且以鮮豔色澤，和默默工作的瘦婆，烘托寶倫喪父後的慘淡心境，要比「驀然回首，那人卻在燈火闌珊處」，淒涼得多了。

莉莉由鴨嘴伊介紹進美容院工作，第一天得賞金二十元，「鈔票像花瓣似地撒落在母親身上」象徵她們美夢的開始。儀玲揮著一張十元，叫寶倫去買鹽焗雞和扣肉。暴發戶心態，刻畫入微。她對不知道自己姓名籍貫的可憐傻妹，施捨白飯和雞，是人性的虛榮卻也是善良一面的寫照。傻妹是個極鮮明的陪襯人物。和寶倫愛沉思冥想成一強烈對比。她把糞車說成「夜來香」，眞是帶有哲學意味的絕妙好言語。面對她，寶倫反覺得她比他有智慧。他認爲：「母親對生命的侮辱不能領悟，是免疫的。」是一針見血的沉痛之言。

補酒釀成，「一瓶瓶粉紅色的酒，在小房間裡排起來，酒香四溢，滿屋芬芳。陽光把酒照得像晶瑩玉液，紅光掩映，喜氣洋洋」。是作者有意給人一種「春風動，草萌芽」，峰迴路轉好兆頭，是反襯，也是欲抑先揚之筆。接著馬上是母女挨門挨戶賣補酒的挫折辛酸。富豪人家侯門似海，惡犬欺人。儀玲被咬傷了，坐地大哭（丈夫死了她都不哭），打翻了的酒，「像是她的血，一直向下流」。寫得沉痛淋漓，不由人不爲她一掬同情之淚。寫寶倫在醫院裡，看母親「僅僅是一小撮骨頭、毛髮、神經、血管、器官、腺，全體不到一百磅，全身躺在那裡，可觸摸、可秤量、可傷害、可受突擊，不能預防，他心如刀割」。以同樣句法的短句，細細鏤刻，使讀者體會到寶倫的痛徹肺腑，眞個是劇力萬鈞之筆。

寶倫是著墨最多的角色。寫他矛盾心情極爲深入。從開始時校長問他將來的理想，文科？理科？他腦子裡立刻跳上母親的「兩房一廳」。歸途中，他想著什麼是生，是死，是美。世界上何必要美？他要遊歷世界，要拜會墨客騷人，他要像毛姆一樣，可是眼前連學費都要欠。他只好佩服莉莉的實事求是態度。

姊姊做了董浩生的情婦，他恨那「王八蛋」，但「天下沒有美滿的事，我畢竟繼續上學了」。他和校長兒子聊天，說要留學英倫，以滿足他渺茫的幻想。那種天人交戰的矛盾心理，愈讀愈令人備感同情。校長一家的天倫之樂，和規律生活，正是寶倫一家的鮮明對照。寶倫的品學兼優，從校長心目中敘述出來。他對寶倫的愛護和另眼看待，就是以後保釋寶倫的伏筆。

莉莉和董浩生的邂逅，是全書第一高潮，大少爺給她一張百元大鈔，驅車揚長而去。她轉臉看寶倫，「忽然嫌弟弟的外貌平凡」，含蓄幽默的一筆，寫出少女仰慕虛榮，誠是妙筆。

浩生的外貌、衣著、神情，透過莉莉視點，一筆筆細細描來，不厭其詳。作者對特定觀點的運用，十分靈活自然。觀點的轉移，都是因事、因時而異，但都恰到好處。「他們像鶴立雞群，會心相看」一句，又轉爲全稱觀點，簡潔生動，甚見錘鍊之功。莉莉一見浩生，竟突然爲他心酸。「心酸」二字，連寫三次，而且連用了三個「因爲」，寫她的一片痴情，刻畫入微。寫莉莉對他痴情，也是表示作者對浩生這種人的同情。他生於暴發戶家庭和香港十里洋場的社會，變成揮金如土的大少爺，不是他之過。莉莉痴情得要保護他，把他改好，以致以後為他失身，懷孕，被棄受苦都無所怨，更使讀者不得不同情這個純真的少女。寫她痴情心態時，索性用第一人稱的「我」省去「她想」二字，使讀者直接進入她心中，和她一同感受，是非常靈活的筆法。

描寫細膩周詳，也是本書一大特色。例如金盤街的景象；寶倫在學校作數學習題和考外國史的情形；儀玲母女做補酒的過程，董浩生帶莉莉會見商界人物的情形；以及後來寶倫在魚翅工場洗刷魚翅，老闆娘的和氣，飯菜的豐富等等，都細加描述，景象逼眞，可收烘雲托月之功。足見細心的觀察，和常識的豐富，是小說寫作的重要條件。而題材取捨之際，疏密有致，作者自有尺度在胸。所謂：「疏處可容走馬，密處不許穿針。」才見得經營編織的匠心。

儀玲三人搬入公寓以後，對公寓的描寫，一連用了七個「沒有」來和寒酸的金盤街作明顯的對比。儀玲嘩啦嘩啦的洗衣服洗澡，再沒有在金盤街時排隊接水的辛苦。她去買肉，「不再為幾角錢討價還價，這是享受」。然後轉為第一人稱「……九塊錢拿去，不要找還，給我一大塊薑，」一種揚眉吐氣的滿足感，令讀者亦為之拍案稱快，也為她們彩虹朝露的短暫好時光而擔憂不已。但母女心情迴然不同。莉莉已漸有不安全感。浩生的一聲「好不好」，使她突然熱淚盈眶，彷彿在問她「你要不要呼吸，要活還是要死」，讀者焉得不為她的無可奈何而悲歎？

「董苑」的豪奢，透過儀玲視點寫出。故事以她為中心而發展。她把去「董苑」當作一個目標，為了實現更上層樓的美夢，她使用再卑賤的手段，以爭取金錢和身分，讀者都會寄予同情。因為她不是壞人。書中也沒有一個是壞人，因而使讀者同情、原諒每一個人，此所以是上乘的悲劇。

儀玲只是個有欲望、想擺脫貧窮、過好日子的平凡人。她也是個母親，為子女的安全和幸福，她要爭取權利，和命運挑戰。搬進公寓以後，她感到應該放心了。過去的危險，都像屋外的暴風雨，侵害不到他們了。這暫時的安全感，卻反映著以後莉莉的被棄，是抑揚法。

寫芸芸眾生相，作者始終保持一分溫厚悲憫情懷，不含絲毫嘲諷意味。對三個主角的細膩勾勒以外，其他角色，雖著墨不多，亦復如此。這一點，我認為是林女士和張愛玲的筆調風格最大不同處。因為張愛玲總是冷酷地透視人物，冷酷地予以刻畫，儘管入木三分，卻於字裡行間，泛著一陣陣生命的霉腐氣，令人心灰意懶。

僅賴文字的技巧，又有什麼啓迪性可言呢？

莉莉與董浩生姘居以後，感覺自己懷孕了。又驚又怕又喜，她要為他生個兒子。幻想每星期天雙雙推車去公園。而緊接著的卻是董宅大少奶奶的孩子滿月，形成一大諷刺。

儀玲宣布女兒將爲浩生養孩子是第二高潮。母女的事一下子像肨泡似地破碎了。兩房一廳也保不住，莉莉終被遺棄。母女都還能面對現實，精神受打擊最深的是寶倫。他自始就有受辱的感覺，爲了學業，不得不忍受屈辱。他提著姊姊的衣服去當鋪，悟到「從此以後，要抬起頭來不靠別人，驕傲地爲自己的生活奮鬥」。有一分「擺脫王八蛋董浩生」的痛快，卻包含了多少向肚子裡吞的眼淚。

重回金盤街，作者以「雨」爲烘托。顯示母子三人前後心境之不同，益增今昔之感。與全書開始時一樣，作者仍舊透過寶倫觀點寫金盤街：「每根竹竿，條條柱子，都被雨水沖過，顯得更清楚，更眞實。」與前文首尾遙相呼應，兩相對比。再特寫：「雨後的味道，都比從前純。他辨得出垃圾的氣味、糞便的氣味、舊鞋、老鼠、鐵鏽的氣味。」作者最長於用詳盡而同樣的句法，強調一種情態。寶倫認得鴨嘴仔「可恨的面布，紫色柄牙刷，那雙塑膠拖鞋」，是後來二人衝突的伏筆。可是作者有意以貧窮醜陋的鴨嘴仔，對莉莉始終不渝的愛，和漂亮紈袴子董浩生的薄倖作尖銳對比。一個是始亂終棄，毫無責任感，一個卻在莉莉痛苦生產時，哭著說他有一萬塊錢，願意接受她生出來的孩子，讓他姓何。提示人性中最最可貴的一點——眞情的愛。

寶倫放棄上學，去魚翅工場做工，內心矛盾之苦，寫得十分感人。心理的重壓，加上鴨嘴仔的諷刺，終於闖下刺傷他肚皮的大禍，是第三高潮。情節的演變絲毫不牽強。母女從醫院回來，「殘月昏昏，她們看不清楚前面的路」，是艱難世路的象徵。儀玲又患了歇斯底里地狂號，命運多乖，令人泫然。

幸得溫厚的作者，安排了一位善心的感化主任。「她一拍寶倫的肩，就溶解了他僵凍了的絕望的心。突然間，他燃起了希望。」使讀者也轉過一口氣來。在法庭上，寶倫猛抬頭看見歐陽校長，一對悲天憫人的眼睛看著他，對他微笑。頓時撥開雲霧見青天，啓示人間究竟有溫暖。寶倫得到校長的保釋，好心的讀者亦爲之破涕爲笑。由低氣壓轉明朗，是上升律筆法。

可是一波才平，一波又起。莉莉的難產是第四個高潮。她一次再一次地痛苦掙扎，又把讀者剛放鬆的心情拉緊下沉。寶倫急急回家，忽然看見姊姊「安靜地躺著，呈現著久未見到的秀麗輪廓，像個天眞無邪的十歲女孩」，他以爲她已經死了，靈魂鴻飛冥冥，不知去向。他「想到姊姊像一朵花，過了二十年淒苦的生活，現在要飛去了。天色越來越暗，他面前是空虛幻景，他希望自己也隨著姊姊而去」。氣氛沉到悲哀的最低度。

可是波瀾起伏，絕處逢生。以下又是一步步的上升律。莉莉一聲叫喊醒了過來。由叔母和接生婆的協助，嬰兒生下來了。但嬰兒看來是死的，丟在像裝滿血液內臟的桶子裡。但是儀玲是個永不服輸的人，她拎起藍色的肉團，咆哮一聲「忘八蛋，他媽的，活來」，嬰兒眞的活過來了。從難看的藍色轉爲粉紅色。繪形繪聲繪色。儀玲喊：「莉莉，你生了個兒子。」一股溫暖充滿她的身體，她放心地睡了。這就是女人，這就是母親。堅強地活下去，就是新生嬰兒給她的啓示和勇氣。然後寶倫在冉冉上升的晨曦中走向學校，面帶笑容，一切苦難都成過去了。這一段的氣氛，緊扣人心，十分成功。

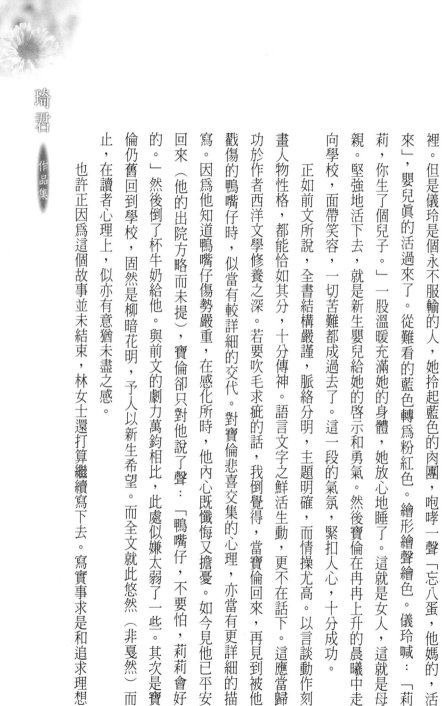

正如前文所說，全書結構嚴謹，脈絡分明，主題明確，而情操尤高。以言談動作刻畫人物性格，都能恰如其分，十分傳神。語言文字之鮮活生動，更不在話下。這應當歸功於作者西洋文學修養之深。若要吹毛求疵的話，我倒覺得，當寶倫回來，再見到被他戳傷的鴨嘴仔時，似當有較詳細的交代。對寶倫悲喜交集的心理，亦當有更詳細的描寫。因爲他知道鴨嘴仔傷勢嚴重，在感化所時，他內心既懺悔又擔憂。如今見他已平安回來（他的出院方略而未提），寶倫卻只對他說了聲：「鴨嘴仔，不要怕，莉莉會好的。」然後倒了杯牛奶給他。與前文的劇力萬鈞相比，此處似嫌太弱了一些。其次是寶倫仍舊回到學校，固然是柳暗花明，予人以新生希望。而全文就此悠然（非戛然）而止，在讀者心理上，似亦有意猶未盡之感。

也許正因爲這個故事並未結束，林女士還打算繼續寫下去。寫實事求是和追求理想的衝突，蔡寶倫將來究竟學文科、藝術，還是理科？他眞能實現留學英國的美夢嗎？母親姊姊又是怎麼想法呢？董家將來又會怎樣呢？是蔡家興旺，董家敗落嗎？因爲「風水輪流轉」，天道應當是公平的啊。林女士如果不太忙，一定會繼續寫下去的。我們在熱切地期待她的《金盤街》續集。那麼上集的「意猶未盡」，也就是她留給讀者「有餘不盡」之味了。

——民國六十九年六月二十八日

・《金盤街》林太乙著。民國六十八年，純文學出版。民國八十六年，九歌出版社重排新版。

變則通乎？

——讀《家變》

王文興的《家變》，我是好奇而讀，也是慕名而讀。看了一期以後，我就感到很奇怪，爲什麼他要把文字搞得這樣顚三倒四，而且又是注音符號，又是羅馬拼音？是有意捉弄讀者、虐待讀者呢？還是另有一番高深的道理？有的人解釋說，他是企圖打破文字組合的常規，以及詞彙、常用語的顚倒，以表現一個家的變，是一種嶄新的嘗試。

我雖是個教「之乎者也」的國文老師，頭腦倒並不太多冬烘，一向是「不薄今人愛古人，新詞麗句必爲鄰。」看《家變》時，開始是抱著輕鬆欣賞的心情，繼之以認眞研究的態度，手裡一枝紅筆，認爲精采之處，圈圈點點，遇到彆扭之處，勾勾槓槓。直到後來，故事的內容壓得心情愈來愈沉重，我幾乎不忍卒讀了。平心而論，王文興對故事的結構，人物心理的刻畫，主題的把握確實是有他一番匠心的，可是他用如此怪異的文字來表現，是否能增加他預期的效果呢？

《家變》刊完以後，就先後有顏元叔、歐陽子諸先生的評介，我都仔細拜讀了。接著又是《中外文學》十三期的座談紀錄。聽說還將有更盛大的座談會。《家變》能抓起這股討論的熱潮，實在是文壇的好現象。我所期待的是批評立論的公正，無論師友，或王文興的受業弟子，都能各自發揮卓見，而不強作解人。讀者諸君，更要以自己的眼光批評「作品」，也批評「批評文章」。我想有興趣、有耐心拜讀《家變》的，絕不是沒有鑑賞力的等閒讀者。

我，跟林海音說的一樣，也是個普普通通的讀者（其實她是客氣話，她接觸的新人物多，閱讀廣，鑑賞力自高）。我也有幾點普普通通的意思，一吐為快：

一、王文興如果企圖以打破常規的怪異文字，直接顯現一個家庭的變故，我認為他花了那麼大力氣，所收效果並不大，甚且是相反的。因為讀者必須透過文字，體認作意，欣賞它的奧妙微之處。那麼首先就得抖落那些重複累贅的字眼，整理顛倒的詞組，改正錯別字，然後再耐心讀下去。如此一來情緒上不免受到挫折，這是欣賞文章的阻力。固然，像文中的「體身」、「女婦」、「惑困」、「待看」之類的顛倒，一看之下，腦子裡自會把它轉回來，至多感到有點彆扭，說一聲「何必呢？」（那麼王文興的苦心也就白費了）。但像那些累贅重複扭曲冗長的句子（太多，不必列舉）。真叫人剪不斷，理還亂，至少我這個普通讀者的心就煩起來了。歐陽子舉引了些例子並加以整理（《中外文學》一卷十二期六十五頁），林海音女士是索性不管它，只看內容故事，因爲她有近二十年的編輯經驗，習慣於看怪文章（《中外》十三期一六五頁），但試問是否人人都有歐陽子的修養與耐心，人人都有林海音二十年的編輯經驗呢？爲學固當先難而後獲，但看小說究竟不比作學問（以《家變》爲研究對象者自當別論）。像搞章句的要逐字逐句推敲，辨其眞、僞、衍、佚。小說則總要予人以寬闊天地，才能深入其中，欣賞技巧，探討主題，以見作者匠心獨運之處。而現在作者處處拿文字與人作對，抗拒讀者。正如子于先生說的，「靠近的時候，它卻用語言把我推開。」（《中外》十二期一六八頁）這豈不是他求變求新之心過切，而故弄玄虛以立異鳴高呢？張系國讚美王文興的小說是一種平民文學（十三期一六六頁），王文興其他的小說，我看得少，不敢亂下批評，至少《家變》不「平民」，因爲作者沒有作到平易近人，使無論年輕人、年老人，一般讀者都能接受的程度。固然張系國所謂的平民文學是指內容而言，但內容也得賴文字表現、傳達呀！廣大的讀者群中，只有少數「高水準」的讀者起共鳴繼之而大爲歎賞，焉得謂之「平民」呢？

張系國又引顏元叔的話，說王文興的作品特徵是「眞」，我認爲「眞」的第一條件，就是不矯揉造作，如果王文興平時說話、講課都是「像這些的這麼個樣的」，提筆爲文時，這類句子（我不稱之爲句法，因爲「實實」地無法可言。）自自然然地流瀉而出，不遑整理，那才是「眞」，可是我不相信王文興是這樣說話講課的。我也懷疑他於著筆之初，就是用這種調調兒寫的，用這種不像人話的句子寫文章，豈不阻礙他的泉湧文思？我猜想他是以正常的方式構思安排，寫完以後，再苦心地修改、「潤飾」，花了六年歲月，才成此難以共賞的奇文。試讀篇中「妙句」，處處斧鑿痕跡，處處矯揉造作，焉得謂之眞？古人文章詩詞中固然也有顚倒句法，如衆所周知的杜甫詩「香稻啄殘鸚鵡粒、碧梧棲老鳳凰枝」，如姜白石詞「亂落江蓮歸未得」，「想垂楊還嫋萬絲金。」等都是刻意求工，予人以耳目一新之感。但他們也僅僅偶然戲筆，以見才華（希望《家變》也如此）。大部分作品都只是在造意上求工，造句上求平易，才能有「人人意中所有，人人筆下所無」的眞切感。王文興以怪異文句表現眞，無異緣木求魚。批評家要爲之強作解人，徒費心力而已。

二、如果眞像歐陽子所說的，王文興是爲了拍攝范曄與衆不同的說話或思想方式，象徵他心中對父母的感情糾葛與牽絆，以及他那愈積愈重，欲擺脫而不能的自囿心情（《中外》十二期六十五頁），那麼這類迂迴扭曲，重複句子，至多只能出現在范曄的語言中，以描繪他的心理狀態。但何以對話反大部分通順？愈是敘述之處愈怪，愈令人費解。須知小說不同於詩歌散文，詩歌散文是作者直抒胸臆，心情紊亂時，筆下也不由得矛盾紊亂，直接的呈現正符合於現代的意識流。如屈原的〈離騷〉，庾子山的〈哀江南賦〉，杜子美的〈北征〉，頗多顛倒、重複、忽喜忽悲、忽近忽遠的句法，這是他們感情自然的流露，這才是不失真，才是天地間第一等好文章。西洋文學名著中，定不少此等好例證。可是小說的作者是幕後敘述人，無論他以全知觀點或特定的統一觀點來寫，作者本人永遠得保持客觀冷靜的頭腦，才能設身處地體認書中每個人物的心情。爲了傳眞傳神，在寫某一人物時，不妨以鄉音、土語或特別的語調詞彙來描繪，例如范曄的父親稱許兒子「讀書伯，讀書伯，」范曄說「所有的人類都要死個光光。」范曄的母親說「就我母子兩對啄。」都非常傳神而口語化（對啄可能是客話但很形象化，可以懂得意思）。在我國歷史文學《史記》中，司馬遷就非常善於描摹語態，例如寫項羽這個狂飆式的粗獷人物，望見秦始皇就說「嗟呼，彼可取而代也。」語句短促而不加思索，寫老謀深算的劉邦見到秦王，卻是「歎息曰大丈夫當如此也。」語調舒緩而沉著。寫平原君起初低估毛遂，說他「是先生無所有也，先生不能，先生留。」連稱三次先生，其後，毛遂辦外交勝利歸來，他又連稱三次毛先生，這一類的重複，都是作者故意強調，強調得極爲有力而醒目，豈似王文興的「那樣子的情形那麼個樣」，「回家回往去省看一視」，「抓得出兩個原因是主要最要的原因而來。」「那麼個樣」地叫人費解？「那麼個樣」地牽強？

爲了刻畫范曄心情的困惱或他母親盼待父親的殷切，說話語無倫次，或是帶上土音，倒是一種技巧。但王文興未把握此點，在對話方面反都比較順暢（當然怪字仍不免，尤其是注音符號、英文羅馬拼音、文白雜用，使人有應接不暇之感）。我在此想起宋詞人周清眞的一首〈少年遊〉，可作爲描摹語態神情的好例子，此詞下片是：「低聲問，向誰行宿，城上已三更。馬活霜濃，不如休去，直是無人行。」周清眞躲在床下，竊聽李師師挽留宋主，十二分地殷勤迫切，有點語無倫次，他巧妙地直接把它「拍攝」下來。照正常次序應當是「馬活霜濃，直是無人行，城上已三更，向誰行宿，不如休去。」（譯語體是馬又滑，霜又重，一個行人都沒有了，這麼三更半夜地，你住哪裡呀，還是別走啦！）可見得好的巧技，無論古今中外的作者都一樣有這分匠心，只是當時沒書評家發掘，也沒新名詞稱道它就是了。

歐陽子說他接近末尾時，因過分被捲入范曄的困惱中，以致在他應該抽身之際，沒能乾淨脫離（十二卷六十六頁），這大概是王文興用全副心魂體會書中人物心理，深入到了不能自拔，影響他清明的頭腦，文字也到了無法操縱的地步。如眞到這種地步，我認爲最好是暫時擱筆，痛定思痛一番以後再寫。因爲能出能入，保持心理距離，才可以寫小說。打個比喻，好萊塢名演員費文麗，因演「慾望街車」，體驗劇中主角精神分裂過分深刻，以致自己也患了精神分裂，不得不輟演一段時期。一個身心過分疲憊的人，實無法以客觀分析的頭腦，體驗劇中人性格與心理，寫作又未始不然。

三、我不反對方言文學，爲了增加人物的生動活潑，偶一點染，可予人以眞實感。但必須注明國語，使人看了一目了然，同鄉看了發出會心微笑。《家變》中詰屈聱牙的句子，如果一部分是福州話或客話，卻又不注明，是否要求個個讀者都是作者的小同鄉呢？若都各寫各的方言，一個讀者要欣賞名家作品，還得是個語言學專家哩。舉個例子，我的故鄉土話稱「拖鞋」爲「鞋拖」、「罩袍」爲「袍罩」，晒太陽叫「晒晒暖」，「飯吃過沒有」說成「飯吃過罷未」。我如爲了描摹老祖母口語，寫了這類字句而不加國語說明，豈不是第二個王文興呢？

尤其不可解的是同音字互用，錯字、別字、注音符號、羅馬拼音全部出籠，中年以上的讀者還得現學注音符號，沒喝過洋墨水的還得現學英文（文中有英文文法之句如「下『這』車」加指詞），王文興對讀者的要求也太多了。《家變》焉得不曲高而和寡？我就不知道說「嗎」與「ㄇㄚ」、「ㄌㄚ」與「啦」有何分別，「di」與狄，Hey與「嘿」有何不同。若論視覺的新鮮刺激，徒使人反感、疲勞而已。

最矛盾的是王文興既要打破常規，創造新詞彙、新句法，卻在范曄母親口中，說出「萬劫不復」這樣文謅謅不口語化的話來，顯得格外不調和，而且不切合范母平時說話習慣，和她的智識程度。

四、自創新字新詞彙，在美國普通，但也得大家公認習用之後，約定俗成，然後編入詞典。比如何凡創造了「惡補」二字，大家都認爲非常恰當，用到今天，再也想不出更好的字來代替（如果王文興硬要說成「補惡」，只好由他）。這是好的創造。家變中只有以「車殼」代替「車廂」，我覺得很好，形象化且具有音響效果。還有幾處好的造句如「小手臥在父親煖和的大手裡」，「臥」字極佳，「每回來的都不是父親」，正如五代詞「過盡千帆皆不是」是好句法。可見創新不是造新詞彙，而是造新意，不落前人窠臼。記得在早期某詩人的一首詩中有「一臉坎坷的肌肉」之句，以「坎坷」形容肌肉，造意新，含義亦深。現代詩人鄭愁予的詩「跨前一步，便是鄉愁。」何曾有一個生硬難解之字，可是有餘不盡之味，溢於字裡行間，如易成「愁鄉」，豈不味同嚼蠟。我很欣賞余光中先生的一首詩〈滿月下〉：「那就折一張闊些的荷葉，包一片月光回去。回去夾在唐詩裡，扁扁地，像壓過的相思。」構思造意至於化境。詩中的「月光」、「唐詩」、「相思」都是人人習見的名物、詞彙，但意境是嶄新的。他需要說「光月」、「詩唐」、「思相」以取勝嗎？他有一段話很足以發人深省：「藝術追求的是美感的總效果，不是局部的語言……愈能使不同的因素化合成和諧的整體，愈能以不類爲類，愈能顯示作者藝術的深湛。」王文興如深體斯言，才能以「不類爲類」。韓愈說「艱窮變怪得，往往造平淡。」我們期待他於變怪之後，產生平易近人的文章。

張漢良先生說作者更新了語言，恢復了已死的文字，把（當作使）它產生新生命，充分發揮文字的力量（《中外》十二期一七七頁），羅生先生讚他將詩的質素大量注入小說的語言，引起小說語言發生質變，獲得新的生機與效果（《中外》十三期一七二頁），他們的看法，我實在未敢苟同。在我看來，王文興恰恰以他的矯揉造作，扼殺了文字的生命，殘酷地使原來活生生的文字僵死了。可是朱西寧先生卻硬說「讀者應該試著習慣王文興，而不應該要求王文興來習慣於讀者，讀者沒有權利做這種要求」（《中外》十三期一七六頁），王文興眞個這麼權威嗎？《家變》眞個是天地間第一等好文章，人人非讀不可嗎？就算讀者無權對他作此要求，讀者不高興習慣於他這種怪裡怪氣的文字總可以吧！西方哲人孫泰耶那（George Santayana）說：「名著之產生，由於作家與群衆的合作而後成，文學上的成就，賴於作者之說服力者居半，賴於讀者之接受力者居半。」《家變》文字沒有說服力，大多數讀者不能接受，也就不是必讀的名著，更無義務非適應它不可。

張健先生說「往往第一流文學不是用流利的文字寫出的。」（《中外》十三期一六九頁）這並不意味不流利的文字，一定是好文學作品。平心而論，《家變》中有期結構、造意、刻畫極佳之處，但恰巧都是比較通順流暢之筆。也許我閱讀程度淺，只能於通順之處欣賞他的技巧。顏元叔先生讚美范母因想看戲又不認得路，對兒子發牢騷的話，直可比擬《紅樓夢》的鳳姐兒（十一期六十九頁），這段話裡就沒一個古怪字兒，所以一氣呵成。但認爲它可比擬紅樓夢，卻有點過譽。這種對話，在今天的電視劇（Soap Opera）裡就有的是。

五、還有一點，我原打算不提而仍感不能已於言者，就是《家變》的主題。作者極力渲染兩代間距離之形成，爲所謂的「代溝」下注腳。

我並不掩耳盜鈴地反對談「代溝」，但做爲一個中國人，對本國數千年文化傳統與家庭倫理觀念，應該有一個基本的認識，以後與西方各國的家庭、社會情況作一比較，才不致妄下論斷。事實上，直到大都市高度工業化的今天，中國的家庭制度，只是適應生活環境而逐漸改變形式，精神上是絕不會崩潰的。即使在西方，父母子女之間也不能不以愛維繫，只不過他們兩代之間權利義務觀念較爲分明而已。自從「代溝」這個新名詞輸入之後，年輕的一代強調它，以它爲藉口，專家們以西方學理爲根據，偏重了青少年心理變化，而忽略了對他們倫理道德的灌輸以消弭代溝觀念。家庭、社會教育的未能善爲配合，如再加以像《家變》這樣的作品，爲一部分心智並不成熟，認識並不清楚的青少年作代言人，而否定家庭制度的存在，這才是眞正的危機。

我們試分析《家變》中范曄的心理轉變，父子關係之惡化，主要的是由於父親停留在老階段，兒子「進步」了，心智成熟了（我並不認爲他是眞正的成熟，因爲成熟包括理智道德觀念與思想行爲）。父親因工作受打擊，退休以後，經濟一天天拮据，在兒子心目中，父親由權威而變爲窩囊廢，依賴價値既沒有了，乃由厭惡轉爲憎恨，在中國的人情倫理道德上，說得過去嗎？別說中國，在西方也不致如此薄情與殘忍吧！我在美國接觸過多種形式的家庭，大都市的，小城鎮的，農村的，他們親子之間都處得融融洩洩，彼此的關懷只是程度上的差別。他們的社會福利制度健全，家庭倫理觀念不同，感情淡薄點是事實，但也不會像范曄那樣恨得要鬥倒父親。他在日記上寫：「家是什麼，家大概是世界上最不合理的一種制度。……事實上，如果我們開眼看一看人家其他的異種西方國家文明，看看其他的高等文明，就會知道根本就不認爲什麼孝、不孝是重要的東西……」多麼觸目驚心的字眼。我並不期望小說家以寫《孝經》的心情寫小說，但從事寫作的人必須有他道德良心上的責任。我個人始終堅持藝術與人生是不可分的，小說表現人生，自應透過藝術的手法，提出問題，暗示正確的路途，以求眞善美的一致。存在主義的濫用與高度工業化的社會，一度使西方青年迷失，而今天有良心的知識分子已逐漸發現中國倫理道德之可貴，乃至老莊思想之平易近人，而愈益傾慕東方文化。爲什麼我們自己反而如此徬徨、迷失？何況中國現代的父母，都已隨著時代往前跑，並不像范曄父親的故步自封，母親也並沒那麼落伍。《家變》的技巧再好，內容卻並無代表性。范曄內心衝突的理論根據是非常脆弱的，也就是說這種可能性是非常少的，因此不易爲廣大讀者所接受。記得顏元叔先生在本年五月八日的《人間副刊》上評「秋決」的民族藝術，我很同意他的看法，他的結論大意是說：由於西方人道德情操與人生觀的局限，以致不能接受「秋決」所顯示的中國民族意識，不能引起他們的共鳴。可見我們的民族意識有其倫理道德的基礎，不是西方重視物質文明的現實人生觀所能體認的。我引顏先生這段話的意思是希望中國的小說作家，一定要顧及中國人的道德情操，把握此點，才能發揮他藝術的至高境界。一個出生長大在中國家庭，享受了父母之愛的青年，即使喝飽了洋墨水，還是個道地的中國人。他既有相當的文學造詣，就當用其所長，以獲得廣大讀者心靈深處的共鳴。《家變》雖一度掀起討論熱潮，王文興個人的影響力還不致嚴重到「斯人不出如蒼生何」的程度，但作為一個讀者，卻不能不有此虔誠的寄望。

總之，《家變》這篇小說，無可否認的，王文興是費了一番經營苦心的。內容故事結構形式，寫兩代的隔閡之形成，技巧上都尚稱成功。他儘可用創新得合理的文字出之，而不必如此以辭害意，出奇致敗（他自己當然認爲是成功）。王文興的名氣，已成爲一部分學習寫作者的偶像。令人擔心的是他的別開生面，引起好新好奇者的仿效，那眞要苦了我們這批國文老師。因爲文章要寫得通難，寫不通太容易了。而且不通的文句是由你隨便造的。如果學生們寫了，老師們刪改了，學生就說老師落伍，連王文興的小說都沒看過，那又怎麼辦呢？歐陽子語重心長地不贊成初學寫作的人拿王文興的風格爲典範（十二期六十七頁），我希望眞有創造力的初學寫作者，即使崇拜王文興，也不要學他。學得再像，也不過是他的婢奴（奴婢）而已。如今的年輕人，個個想當天才，誰又願意作奴婢呢？

寫至此，我忽然想起佛經經典裡一段故事：維摩詰病了，如來佛囑文殊師利去探望他。因爲維摩詰智慧才情太高，一般弟子都不能領略他的妙語。文殊問他爲何病了，維摩詰答道：「因爲衆生病了，所以我病了。」文殊頷首而笑。這個啞謎，我這沒有慧根的人不太懂。我猜想是維摩詰大慈大悲之心，因大千世界的衆生都有病，所以他也不忍不病，以己之病療人之病。是不是今天的文壇，大家都有病，所以我們的大文豪不得不病呢？

最後讓我來套王文興的「風格」寫幾句，以博讀者一粲：

凡故弄虛玄的之墨筆，我特特底不能受納。讀《家變》好像有如鋸生鐵一若。它是怎麼樣的這般的惑困我牙。於是所以想起廿餘年前的「愛德樂夫」，他其之大作稱名《世界永遠沒有戰爭》裡中內有「兩耳燕飛」、「立如松」、「坐如弓」等等，遭被人罵極，人都恨達之。而今日現在之名作有異不同他之原因，因緣於有研究之碩士或博士。青年學生輩崇敬對他無比。流風影響無極，怎得不要聲申ㄋㄜ，幸作者他原本好文章，伺後望希彼回復復原格風！讀者遂乃將愛喜並欣賞之。

並作歪詩二首以誌其盛：

一

《家變》奇文驚海內，人人爭說王文興。
得失寸心誰解得，生先（先生）本自冠倫群（群倫）。

二

不奇不變不名家，變到窮時路也斜。
寄語授教（教授）愼下筆，門牆桃李免池差（差池）。

——民國六十六年十一月

・《家變》王文興著。民國六十二年，環宇出版。民國七十年，洪範書店重排新版。

悲憫情懷

——序張至璋短篇小說集《飛》

張至璋的「一字」小說，每篇刊出後我都要仔仔細細地閱讀。一枝紅筆在手，像國文老師似的，圈圈點點，批批注注，讀得眞高興，也圈點批注得眞過癮。然後在電話裡和他討論。往往一談就是一個鐘頭。討論完一篇他的小說，就如同自己完成一篇得意傑作似的，感到非常愉快。

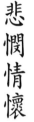

至璋最高興的自覺文章中苦心經營之處，我都能一點一滴地看出來，而且十分的欣賞。我呢？也以讀他的小說爲一大享受。至璋認爲這樣的忠實讀者到哪兒去找？於是當他的八篇小說結集出版時，他捨棄了多少小說名家，而要請我寫序，我也就義不容辭地答應下來了。

我不是小說理論家，不會用學院派的尺度和種種深奧的術語來評析一篇作品。只有在讀到會心之處，便覺樂在其中。問到至璋寫作的心態和歷程，他說自己從沒有看過任何一本談小說技巧的書，童年時代最喜歡看《梅遜探案》和《拾穗》雜誌上刊載的翻譯小說。長大後從事新聞工作，對人間世相，不由得養成客觀觀察、冷靜體認的習慣。無論善、惡、美、醜，無論喜、怒、哀、樂，點點滴滴都銘刻心底。到了某一個階段，自自然然地便凝聚成一篇小說。因此他下筆非常迅速，而構思的過程卻相當地長。正如他自序中說的：「在我內心裡，早已經開始寫了。」此無他，就由於他在冷靜觀照之餘，內心有一分熱切的關懷，迫使他非寫不可。這種寫作動機，就是一個小說家必備的條件。

至璋的小說，故事性很濃，許多情節，安排得頗見巧思，也巧得合理。就是說某種情態，一定會導致必然性的後果而產生相當的說服力。加以他文筆簡潔流暢（這當然與他多年的新聞寫作訓練有關），因而他的每篇小說，都能吸引人一口氣讀完而引發深思。這是好小說的必備條件。如果一篇小說，只是以辭害意（故意賣弄文字技巧），或以意害辭（故意賣弄高深哲理），看了使人不是昏昏欲睡，就是十分惱怒，那麼再好的涵義，也引不起共鳴。沒有所謂的情緒效果，還談得上什麼理念效果呢？

正因至璋不理會什麼寫作理論，他才能寫得揮灑自如，而技巧自見。《飛》一書中的八篇小說，都是以第三人稱，由主角的統一觀點著眼而寫。因此對主角人物心態和性格的掌握，十分穩當。透過主角眼中的人物，亦寫得鮮明生動。例如〈霞〉中寫主人翁罹患絕症的痛苦，對丈夫女兒百轉千迴、難捨難分的情義，寫來絲絲入扣，賺人熱淚。〈伏〉中寫那隻對主人忠心耿耿的狗的心態，以及遭人暗算，中毒而死前的痛苦掙扎，如不是作者對狗的同情和平日的體察入微，必不能有如此生動逼眞之筆。又如〈路〉中的主人翁，由迫切的報仇心理逐漸醒悟，而至最後扔掉柴刀。峰迴路轉的變化，絕無突兀之感，非常自然合理。

按說〈路〉的人物只有一個獅仔，背景只是一條路，寫來很容易落入單調沉悶，可是作者巧妙地運用象徵、暗示的手法，寫頭上陽光的忽明忽暗，路邊樹蔭的時濃時淡，大小石子使他的腳趾都踢出血來，上下坡山路的崎嶇難行，人跌倒了再爬起來，處處都象徵獅仔內心的天人交戰。最感人的是他回憶兒時雙親對他的愛和期望，直到最後看到平坦大石，正是成長中多次和父親比賽腕力的地方。一點良知，油然萌起，殺機也隨之而熄。獅仔原是個憨厚的孩子，作者描繪得很成功，親情的偉大，乃能轉戾氣爲祥和。

作者自認爲本文是較弱的一篇，我卻特別欣賞此篇。因爲這是八篇中唯一有圓滿結局的。不像其他七篇，都是悲劇收場，讀後令人心頭有分沉痛的感覺。

以兩相對比的人物與事態，雙線進行，是作者愛用的手法，頗能加強戲劇效果。例如〈愆〉中的兩對夫妻，相對地在高速公路上奔馳。一北上，一南下。一對夫妻相愛，一對瀕臨決裂；一家的孩子聰明伶俐，一家的低能痴傻。兩家以不同心情，而同樣迫切地加速向前疾馳。

作者運用上升律，一路以許多穿插，使氣氛愈來愈緊張，兩線的遇合，也就是故事悲慘的結局。讀者於噓唏歎息中可以體會作者悲憫的情懷。婚姻挽救應趁早，否則後悔已是百年身。最後的餘波，寫記者和路人對車禍發生漠不關懷的猜測，是爲了表明本篇主旨——一樁事件的發生，背後各有不同因素，誰又能知曉，這也就是人生爲何是可悲的了。

〈飛〉和〈伏〉兩篇，也同樣是雙線進行的筆法，都運用得相當圓熟。兩篇也都是令人不忍卒讀的悲劇結尾，其成功處在於對人物的刻畫。〈飛〉中的低智能兒童，〈伏〉中的狗和小學老師，予人以非常鮮活逼眞的形象神情。因而益發增加故事的悲劇氣氛，顯示人世的無奈。因爲上乘的悲劇是：沒有一個人、沒有一件事不值得人同情。田原先生在《聯合報》上評論〈飛〉，說作者以悲憫和諷刺，寫出了問題家庭的病態、親情與苦痛，也暗示了人逢逆境不能放棄責任。這眞是對〈飛〉一針見血的評論。

〈訃〉的故事緊張有趣，筆調明快，作者本人卻覺得此篇沒什麼深度，只想試寫個偵探故事而已。他的目的達到了，它確實像一篇偵探小說那麼吸引人（除了太戲劇化以外）。結局告訴人「天網恢恢，疏而不漏。」也就是本篇的主題。如將它改編爲「法律劇場」的電視劇，一定毫不費力。

這一篇諷刺性的「故事小說」，加上〈霞〉小品文式的「抒情小說」，安排在其他比較沉重的六篇之間，對讀者的心情，也是個調劑。雖然二文的結局仍然是「死亡」。

〈洞〉和〈飛〉一樣，都是得獎作品，經過評審先生的品題，也越發看得出作者經營的功力。〈洞〉，自然是一種象徵。這個可憐的小人物，天地就這麼地狹窄，從洞裡窺望外界，外界有少艾、有鑽石，也有搶劫。直至自己墮入溝中，沉到洞底，卻懦怯地躲避外界從洞中窺望他。作者淋漓盡致地發揮了高度的技巧，結構嚴謹，首尾呼應。於諷刺幽默的筆調中，給予主人翁以無限憐憫同情。

〈伏〉、〈訃〉，與〈遁〉三篇都是寫小人物的悲哀。〈伏〉的故事編織稍見斧鑿痕跡，〈遁〉是以撲朔迷離的結局，留予讀者有餘不盡之味，當然要比明寫他心臟病突發死亡要高明得多。〈遁〉提出了一個新舊文化衝突的問題，但是這個問題本就難於得到答案，只好像主人翁那樣，雖然極力抗拒新鮮事物，但到頭來卻還是遁入了現代的產物——電視裡。

以一字命題，也是至璋這本小說的特色。也許他認爲一粒微塵可以見大千世界，人世間諸般現象，無妨壓縮在一個字裡，引發讀者去深思。這也可能是由於他純熟於新聞報導，善於下標題之故吧？

至璋寫小說的動機，在他自序中已說得很明白。我非常重視寫作的動機，如只爲炫耀才華、馳騁想像、賣弄辭章而寫，總無非金玉其外。至璋小說之深爲我所喜愛，也就是他不依傍理論，不摹擬名家，只是以一片至誠而寫，寫出他內心深刻的感受。人們都認爲散文是直抒胸臆，有不能已於言者而後言，小說又未始不是呢？不同的只是那個「我」隱藏起來，借「題」發揮而已。至璋天分高，熱忱夠，再鍥而不舍地寫下去，必然有更令人激賞的小說出現的。

也許是時代不同了，工商業社會的生活形態，使人們的欲望愈升愈高，罪惡與悲劇也愈來愈多。銳敏的作家，不肯諱疾忌醫，但願直寫眞相以警世。但我總有一個信念，多多向光明美好的一面想，也可能產生神奇力量，扭轉乾坤。作家透過一枝溫厚之筆，或可使不幸人間，峰迴路轉。像西方的莫泊桑、歐亨利、薩洛揚，和印度的泰戈爾都有許多充滿愛和美滿結局的篇章。所以我也希望至璋將來能擴大他寫作的領域和方式，掉轉筆鋒，寫點讓讀者感到溫馨的小說。

我是信佛的，佛家固不諱言死亡，但仍然是惜生愛生。不諱言疾病，但仍然是讚頌健康。佛家有詩云：「維摩一室雖多病，也要天花作道場。」維摩詰多病，佛遣天女採病，爲散天花歌舞，病乃癒。這個故事很美，也給我一點啓示：這個世界是病態的，作家們何不負起散花天女的任務，以生花妙筆，將祥和美好，散布人間，化世界這個大病室爲道場呢？

想至璋當不以我言爲迂闊吧。

——民國七十年十一月

．《飛》，張至璋著。民國七十年，純文學出版。

眞・善・美

——讀《世緣瑣記》

如果有人問我，最近有哪一本散文集是我最喜愛的，我的回答是：言曦先生的《世緣瑣記》，使我沉浸到忘我之境。而且我還要仿著電影廣告詞說：「未讀此書者，不可不讀；已讀此書者，務必再讀；再讀之後，必將愛不釋手。」因爲作者的「世緣」，也是你、我、他的「世緣」。那些瑣事，也是人人生活中都有的瑣事。他卻寫得如此之妙，如此之逗，如此之自然、平易、幽默、生動。你不由得隨著他的毫端，時而莞爾，時而大笑，時而歎息，時而泫然。眞個是哀樂難以自主，而心靈上卻獲得無上的享受。

當他的第一篇〈伴〉在《華副》刊出時，我一口氣讀了兩遍。對於這位素未謀面的邱夫人，頓起見賢思齊之感。言曦先生對太太沒有一句頌揚，只將她的性格，用一件件小故事刻畫出來。透過他筆下，你就能接觸到她的神情，她的美德——誠可作青年主婦的模範。夫妻間小小的不協調，傾心的妥協，都使人發會心的微笑。因爲作者實在妙語如珠，例如他把夫人所頒布的「家規」分為「合理也很容易做到的，不合理卻很容易做到的，合理而不容易做到的，不合理也不容易做到的」，任何一對老夫老妻看了，都要絕倒。年輕夫婦看了，亦將三省吾身。而且讀此文後，都會加倍感覺到自己的另一半之可愛與可敬。

人們最不喜歡的是講道理，最喜歡的是講故事，《世緣瑣記》就是一本講故事的好書。他講了六個「平凡」人物瑣瑣屑屑的平凡故事。沒有什麼豐功偉業，也不是什麼蕩氣回腸的話，但當你讀完全書以後，那些忠孝節義的大道理自會從那些人物至情至性的言談舉止中流露出來，使你不由不再三品味，樂意領受。中老年人會顯得更慈愛，年輕人會懂得上體親心，朋友也更能以誠相交。此無他，實由於這本書充分顯示了一點：眞、善、美的一致。

我個人認為，凡寫親情之文，無有不眞，眞情之文，也無有不善。但要讀者浸淫於分眞與善之中而不覺，卻必須具備一個條件，那就是美。美的筆觸，是帶出眞和善的高妙技巧，言曦先生就有了這點高妙的技巧。

一說技巧，就會想到小說。總認為寫小說要講究技巧，散文是不應該太講技巧的。一涉技巧就妨礙了「眞」。因為小說是虛構的，你可以隨心所欲地勾枝補葉，依主題塑造人物、編織故事。而記敘性的散文，人物故事都是眞實的，固定的，不容有一絲造作。唯其如此，散文的技巧尤難。人物的言談舉止，故事的輕重先後，都得經過細心的選擇與安排。要恰到好處才見畫龍點睛之妙。筆調的詼諧、明快或沉鬱，也都要發揮得恰如其分，使人讀了才有深獲吾心之感。總之要於無技巧中見技巧，有技巧中不顯技巧。此正合乎「藝術的主旨和功能在隱藏藝術」那句西方文豪蕭伯納的名言了。

我且隨便引一段事證明：〈子〉篇中的一段——

在他們讀幼稚園時，我偶爾聽到以下一段對話：

「媽媽要趕我出去，不要我，這回是眞的。」

「那你吃什麼呢？」

「我到別人家去要飯吃。」

「那不好。」

「你從後門溜進廚房，我留飯給你吃。」

「那也不好，給媽媽看見了要罵你的。」

「那我也去，我們一塊討飯，討來的飯你先吃。」

「那爲什麼呢？」

「因爲你是弟弟呀。」

童稚的手足情深，莫說做父親的聽了心酸酸的，哪個讀者看了能不動容呢？

這使我想起我的孩子小時的忠厚憨態，而我卻寫不出像〈子〉這樣的好文章。原因是每一位父母對孩子幼年時代所說過又可愛又有趣的話，句句都在心頭，但要像言曦先生點染上一句一段，而神情全出者，卻非人人所能。

又例如：「有一次，我晚上回來，走過他的小床，他已睡了，被我的腳步聲吵醒。立起來，走向我，輕輕地叫『爸爸』，朦朧間見他好美，這是他第一次叫爸爸，也是我第一次全心全意親他，從此一直親他到大。」多美的一幅圖畫。我還想起子敏先生《小太陽》中有一篇寫孩子睡了，他伏案寫稿到天亮，孩子一覺醒來，揉揉眼睛對他喊：「爸爸！今天見。」與此有異曲同工之妙。

讀言曦先生的文章，從一句或一段中，即能讀出人物的聲音笑貌、當時的情景，和忠信孝慈之旨。有時連一個字也會使你讚賞半天。例如他太太對孩子說：「媽媽也是女生變的呀。」來化解孩子對女生的「惡感」。這個「變」字多麼傳神？如說：「媽媽也是女生呀！」就差多了。一字之奧妙精微就在此。

作者寫夫妻之愛，親子之情，手足之親，朋友之誼，眞是道盡了每個人心底裡的話。每逢風趣及感人之處，我都來回讀好幾遍。例如：

他們雖然不在家，但我會突然不自覺地大聲喊他們的名字，他們的媽媽說：「不要喊，這樣喊他們在外面會心裡不安的。」

有人寫信對你稱「兒」，別有一番滋味，字雖然歪歪斜斜，也夠你欣賞半天的。

……塑膠洋娃娃，憨態可掬，放在電視機上，我看著電視就睡覺了，夢見玟如抱著一個娃娃，竟然是襁褓時的強兒，濃黑的頭髮，雪白的皮膚——醒來抿嘴而笑。

望孫之心，寫得多含蓄動人。也就是〈媳〉這篇文章寫得最韻味無窮之處。又如他以打棒球比喻孩子追愛人，從安全上壘到奔回本壘，高潮迭起，一氣呵成，文筆驅遣自如，而所透露出來的眞理是一個「誠」字。

「長官」這樣的人物是很難寫得成功的，寫知遇之恩或歌功頌德一番，都不足以表顯對方的人格風範。而作者只以一枝虔敬文筆，一顆摯誠之心，寫出關係國家利益最密切、最艱危、最富戲劇性的一段。就表現出董彥平將軍的誠篤厚重、一生的志業與高潔標格。他在危疑局勢下堅毅不拔的精神，讀後不由人不肅然起敬。同時對於作者在艱危中的勇於負責、謹愼機智，亦多一層認識。他寫董將軍選了他的一幅畫，裱起來掛在客廳裡，他「知道不是我畫得好，是他的心好。他所珍視的不是那堆水墨枝葉，而是在危亂中共過生死患難的那分情誼。」知遇之深，寫得誠篤感人。眞希望今天的爲人長官者，讀一下這篇文章，則與部屬之間的關係或許可以變得更親切眞誠。而服務公職者，讀此文後也可從其中獲得許多啓迪。

當我讀到篇末作者引西塞羅〈論老年〉一文對逝者的祝告：「當我出發與諸神相聚……這是多麼偉大的日子，我不僅可以看到往聖先哲，也可以看到我的愛子。」忍不住熱淚涔涔而下。這只是由於我個人心底的一分哀思——因爲我想起了半生戎馬、老年喪子的先父而悲不自勝。

我前面已經說過，散文中人物，不比小說中人物，著筆時的心情是完全不同的，借一句王國維《人間詞話》中的話，那是「有我之境」，而非「無我之境」，是「寫境」，而非「造境」。有我之境，作者與書中人共哀樂，讀者與作者共哀樂，但卻只能「寫」而不能「造」。作者把他的伴、姊、媳、長、友，「寫」得絲絲入扣地呈顯在我們眼前，款切地，深入我們心中，每一位就如同我們自己的親人師友，可親可敬。這當中，也正有讀者心靈的投影，與作者相契合。

本書有一個特色，就是有四篇（〈伴〉、〈子〉、〈長〉、〈友〉）篇首，都有類似哲人雋語般的前言。你可以順序地從頭讀下去，也可以跳過先從敘事處讀起。但讀完全篇以後，卻不可不回頭來用心讀第一段，仔細品味，必有深獲吾心之感。這一段前言，可說是全篇的序，全篇的主旨所在。是作者從廣博的學識與深切的體認中所說出來的肺腑之言。

想起了南宋名家姜白石，每首長調前必有序，以最凝練的文字，寫出作詞動機或詞中背景。後人有認爲白石序勝於詞，有詞實不必再有序，亦有人認爲序與詞相得益彰。我現在亦借此比喻言曦先生諸篇篇首的前言，與下文也正是相得益彰。

還有一點，是文中括弧特別好。我平時看感性文章最不喜歡看括弧，總覺得它割裂了文氣，而且破壞文藝氣息，可是本書中各處括弧卻發揮了幽默的妙用，增加不少情趣。《三國演義》經過金聖歎的批而更出色，言曦先生卻是爲自己文章作補充，下注腳，有的頗覺妙趣橫生，令人莞爾。這就由讀者自己去發現，無法列舉了。

總之，本書的可貴之處，不僅在文字的幽默風趣（美），感情的篤厚濃烈（眞），而在乎以「美」的筆觸和「眞」的感情，所呈現的道德境界（善）。這是一本不需要用腦筋去思考，而是要用全副心靈去感受的好書。

身處異國，接觸到在此地許多深受西方文明洗禮，逐漸遠離了傳統人倫觀念的年輕人，但願他們能讀一下這本書，體味一下在遙遠的那一邊，他們所出生、長大的故土上，是如何地溢漾著人間至愛——這是我附帶的一點感想。

——民國六十六年十二月二十八日於紐約

・《世緣瑣記》，言曦著。民國六十六年，爾雅出版。

心靈的契合

——林文月散文集《遙遠》序

一年多前，我讀到林文月一篇文章〈給母親梳頭〉，感動得禁不住熱淚盈眶。當時因人在國外，未能多讀她其他的抒情小品散文。倒是記得以前在《純文學》雜誌上，曾讀過她遊學京都與探討魏晉山水田園文學的文章多篇（已結集爲《京都一年》及《山水與古典》，由純文學出版社出版）。後來知道她在潛心迻譯日本古典名著《源氏物語》，對這位才華橫溢，治學勤奮的年輕學者，衷心歎佩不置。去年秋間，又讀了她一系列記述應日本交流協會邀請講學歸來的觀感。覺得她平實樸素的文筆，不誇張、不炫耀，毫端所透露的那分細膩眞摯的情愫，迥異於一般的報導文章，因此對文月的作品，益爲激賞。

去年一年中，曾有好幾次場合與文月見面。在稠人廣衆中，她總是默默地諦聽別人說話，頷首微笑。她端莊沉靜的儀容，給我的感覺是一株孤芳自賞的素心蘭。望著她，我也變得怯生生地，不知如何和她攀談。直到有一次宴會，我們正好坐在一起，她先生也來了，大家喝了點酒，談興漸濃。淺醉微酡中，彼此都不再那麼拘束，我才輕悄悄地對她說：「我好喜歡你的文章，你這麼年輕，有這麼高的成就眞了不起。」她謙遜地笑笑說：「哪裡，我也已經不年輕了。」我又回憶地和她說起第一次見到她的印象。那是早在民國四十幾年的一個夏天，文學雜誌社社長劉守義先生邀飲，文月翩然而至，由夏濟安先生介紹給大家認識。她那天穿著一襲白底子上大朵黃菊花洋裝，裙裾飄飄然撒開來，雙耳戴一副白菊黃花心耳環，配合得那麼亮麗而淡雅，那一派秀外慧中的嫻靜氣質，令我念念不忘。她聽我這麼說，笑得更燦爛也更自然了。點點頭說：「是的，我記得是有過那麼件洋裝，您的記性眞好。」殊不知我是個專記小事忘大事的人。和她開始交談以後，心情非常愉快。對她也好像有一分已相契於心的感覺。

不久前，聽到她又將出版新散文集，我正高興地等待拜讀呢，沒想到文月卻要我爲她的新書《遙遠》寫一篇序。這下卻著實令我爲難了。寫吧，這枝禿筆實在不足以表達她文章的精髓，有負她的美意。不寫吧，又不忍心拒絕這分眞摯的情意。我向她說明自己的矛盾心情，她宛轉地說：「我不好意思勉強你，卻多麼希望你能答應，因爲你說過喜愛我的作品，而我也一直喜愛你的文章。至少我們的文筆都走的平實一路，不在刻意求工，我才想到請你寫。只要話家常地談談你的意見，並不是那種道貌岸然的『序』。」

聽她這麼說，我怎麼能再說「不」字呢？

爲了對文月的身世背景和感情思想多一點了解。我先看她另一本散文集《讀中文系的人》。因爲此書出版時我還沒回國，許多文章都未曾讀過。在〈談童年〉一文中，她以細膩而微帶酸辛之筆，回憶童年時代的特殊情境。她出生長大在上海的日本租界，就讀於日本小學，母親永遠把一頭烏亮的長髮在頸後挽成一個髻子，顯示她是道道地地的中國人。中日戰爭中，中國小學生與日本小學生互罵「小東洋鬼子」、「支那仔」。懵懂的她，還曾對中國孩子投過石子，以爲自己也是日本孩子。可是她牢牢記得有一天逃飛機警報時，她吞吞吐吐對日本兵說出自己是台灣人時，日本兵臉上立刻變得冷漠的表情。她恨不得大喊：「台灣人有什麼不好，台灣人和東京人有什麼兩樣？」那種被屈辱的沉痛記憶，也許就在她心靈深處種下了一個因素，使她長大以後立志致力於中國古典文學之鑽研以發揚傳遞中國文化。看完《讀中文系的人》一書後，更體會到她一腔熾熱的抱負和對文學的使命感。如今她已完成了日本古典巨著《源氏物語》的迻譯，切實肩負起中日文化交流的工作。我想以她的一片愛國情操，也許盼望能藉兩國溫柔敦厚的古典文學之溝通，消除東方民族之間愚昧的歧視和仇恨，以求眞正達到東方文化大融合的至高境界吧！

現在她的新散文集《遙遠》即將問世，我得以先讀爲快，自感欣幸。她囑我寫序，實未敢答應，但也正有滿腔的話想藉此一吐呢！

本書共收二十篇文章，在性質上，可分親情、旅遊、出國研究講學諸部分，而其神理脈絡是一氣貫串的。讀畢全書，更能體會作者對祖國之愛，對親人師長和異國故舊的情誼，對學術與文學的沉醉，和對中文系莘莘學子的殷切期望。於每一篇章中，都充分顯示了一位中國女性學者剛柔互見的風格。而她行雲流水、自然可愛的筆觸，較諸她寫遊學京都時期的文章，益見「由絢爛趨於平易」的進境。尤其難得的是她的文詞於平易中見情趣，於樸實處透至情，所以能格外打動人心。這也就是章實齋所說「文不足以入人，足以入人者情也。」的至理了。

與其抽象的讚美，寧願逐篇作簡單介紹：首三篇是她於寂靜中對大自然的領悟，於外界景物人情觀照入微，著筆空靈妙曼。於詩中是絕句，於詞中是小令，於文章中是吉光片羽的小品，宜於一個人靜靜地在燈前或雨中細細品味，便覺得有涓涓清泉，流注心胸間，使你感受到「相看兩不厭」的物我交融之趣。

〈過北斗〉寫她回到陌生的家鄉那分「熟悉的感情」，她體會「泥土與血緣的聯繫」，品嘗北斗人認爲最好吃的北斗肉丸，使她對故鄉小鎮產生無限依戀，讀來眞切感人。

〈記憶中的一片書店〉使我看到一個天眞的小女孩迷戀在書店中的憨態，寫書店主人母子對她深厚的照顧，字裡行間也透著一縷無可追尋的悵惘。

重讀〈爲母親梳頭〉再次使我淚水涔涔而下。看劬勞的母氏，自青春健康之時，對兒女無微不至的呵護，到老年衰病之身，不得不由女兒代爲梳頭沐浴。那一分宛轉細膩的孝思，包含了多少酸辛？她寫道：「我的手指遂不自覺地帶著一種母性的慈祥和溫柔，愛憐地爲母親洗澡。我相信當我幼小時，母親一定也是這樣慈祥溫柔地替我沐浴的。……」「母親是背對著我坐的，所以看不見她的臉，許是已經睏著了吧，我想她是睏著了，像嬰兒沐浴後那樣……不要驚動她，好讓她就樣坐著舒舒服服地打個盹兒吧！」偉大的母愛，慈烏反哺的情懷，使她的文筆進入最聖潔的境界。我痴痴呆呆地讀了一遍再一遍，已不自知涕泗之何從了。

〈姨父送的蝴蝶蘭〉寫於作者的慈母逝世以後，姊妹同去探望姨母的病。淚眼相看，心情悽苦可知。而作者極力著筆寫姨父樂天知命的豁達神情，以沖淡悲愴氣氛。姨父所贈蘭花，象徵大地春回的希望。雖然最大的蓓蕾枯萎了，她仍耐心守候其他五朵的綻放，人事與花事交錯的筆法，使讀者的心情，隨著她的毫端忽悲忽喜，忽黯淡忽開朗。讀到她寫姨母一覺醒來，告訴她夢見阿姨的那一段，眞個是一字一淚，悽斷人腸。她寫道：「姨母像在對她自己說話，嘴角竟有一抹笑意。我眞想放聲大哭，但覺得此刻應當堅強起來，給病人安慰，便俯身擁抱她，輕輕柔柔地拍她的肩頭。」與〈給母親梳頭〉那篇一樣，同是哀而不傷的詩騷之筆。尤使人激賞的是最終峰迴路轉：「淒風苦雨已過，愁雲慘霧漸消。」五朵蓓蕾齊放，她「要留得花姿曼妙，寄給姨父姨母共賞」。曲終奏雅，溫厚的作者，總願給人間帶來希望，不致過於悲切。我們都知道，凡是寫親情文章，無有不眞，也無有不善，但寫得如此之淒美，則端賴作者那一顆纏綿宛轉的智慧靈心。

〈那間社長室〉悼念一位愷悌慈祥的長者，寫他對後輩的愛護鼓勵，感情眞摯而不誇張。誠如作者說的「悲哀接連而來，令人不及悲哀，眼淚語言文字所能表達的都是極有限的」，是最最誠實的悼詞。她徘徊雨地中，仰望漆黑的窗口，絲絲細雨，使讀者也感染到那分淡淡的哀傷。

旅遊文章易流於平鋪直敘、記帳式的敘述。而文月的記遊，由於她靈心善感，體察入微，細膩的筆觸，乃引人如親歷其境，親睹其人。那分深遠的哲思與溫厚的情懷，更留予你咀嚼不盡之味。

例如在喀剌蚩機場，她默默地看一個擦階梯工人，辛勤認眞地工作著。她就會想像到他的家庭是個什麼情況，她想著：「那些褐色皮膚的男孩和女孩，也許沒有體面的鞋子穿，可是光著腳丫子的他們戲耍時，一定都有一張可愛的笑容。我幾乎想像得出他們笑時露出白白的牙齒。」讀至此，我不由得歎一聲「眞是好」。作者對卑微人物的同情，對神聖工作的讚美，字裡行間所散發的愛的光輝，立刻使我想到印度人道主義詩人泰戈爾。在篇末，她恰巧引了泰戈爾的詩句，「綠草是無愧於它所生長的偉大世界的」，讀後眞有深獲吾心的快感。

〈翡冷翠在下雨〉，活潑的題目，充滿詩情畫意的內容。作者的慧眼，於觀賞偉大藝術家的雕塑，與富麗的大理石教堂之後，領悟不同凡俗，不是「到此一遊」的粗疏如我者所能企及。結尾處她是這樣寫的：「我看了看手錶，一點三十分，這是台北的時間。有一滴雨落在錶面上。」空靈淒美如詩。且與篇首「車抵翡冷翠時正下著雨」，遙相呼應，是不著意的畫龍點睛之筆。

〈義奥邊界一瞥〉讓你覺得在看一篇多采多姿的小說。瞬間情景，小小人物的活動，一絲也逃不過她銳敏的眼底。例如她看到邊界上的草原，和吃草的牛馬群，就想著：「草哪裡知道蔓延到什麼地方就算侵犯到另一個國度的疆域呢？牛馬大概也不會知道牠們吃的權利界限應該在何處吧！」

看來牛馬草木比人類灑脫自在得多了。又例如她看見鄰車的小女孩，愛憐地和她招手，瞬息間車行漸速，小女孩消失在視線之外，她心頭竟有一絲悵惘之感，眞高興我們女性才有這分痴痴傻傻的情思。正唯這點情思，使文月的遊記有著明珠翠羽般的晶瑩。

記訪日的六篇文章，原應屬於學術性的報導，但她純以感性之筆出之。寫日本教授、學人們懇摯的風範，寫與女作家晤談之爽朗款切，與異國故舊重逢的今昔滄桑，以及在異鄉度節的棖觸心情。人情語態，歷歷如在目前，篇篇流露了拳拳摯誼和濃郁的異國情趣。

我慶幸文月於完成《源氏物語》這部巨著的迻譯之後，能親自見到一位日文現代語譯者丹田文字，和一位英譯者哥大教授Seidensticker。透過不朽的原作者紫式部，他們三方面心靈契合的傾談，定使文月今後於日本文學的翻譯，增加更多的靈感。對中日文化交流的境界，亦將更上層樓。

讀文月散文，覺其內容與風格，與個人在寫作上期求把握的原則——眞、善、美的一致，正相契合。這是我私心尤感欣喜的。文月的夫婿郭豫倫先生在本書附錄中提到，他曾問文月：「爲什麼只寫好的一面？」她說：「只會寫好的一面，讓別人去寫其他，大家分工不是很好嗎？」

說得眞對，我也正是這個想法。記得法國女文豪喬奇桑對寫實大師巴爾札克說：「你寫的是你所看到的現象，我要寫的是我所希望的現象。」此言眞値得我們從事寫作的人深思。世間固多無可隱諱的醜惡，卻也隨處呈現了美好。我們爲什麼不多發菩提心，多寫美好的一面，以愛來包容過錯，轉化醜陋呢？以文月的才情抱負，與性靈之溫厚，學養之專精，相信她一枝綠野平疇、春陽溫暖之筆，將會給人間帶來更多的祥和希望。

她的書出版於一年之始的春天，願以此文寄予我由衷的祝福。

——民國七十年元月

・《遙遠》，林文月著。民國七十年，洪範書店出版。

猶有最高枝

——《夜歌》序

讀了季季的一篇近作〈暗影生異彩〉，再回過來重讀她所有的散文，以及我最喜愛的幾篇小說，深深感覺到一顆堅韌、銳敏、良善、狂熱的心靈，從《屬於十七歲的》時代，到今天持家的少婦，兩個孩子的母親，經歷了多少艱辛歲月的千錘百鍊，所煥發出來的光華，是如此地絢爛、壯麗。季季說：「垃圾經過發酵、腐爛，而成為深厚的沃土。」我更看到，深厚的沃土，即將凝成晶瑩透亮的寶珠，在《暗影》中閃閃發光。佛家說摩尼珠是隨物現其光彩的。季季對人間世相觀照之微，人性探索之深，經由她哀矜而勿喜的溫厚情懷，和清新而不放縱、婉曲而不雕琢、精邃而晦澀的筆觸，反射而出，恰似一粒隨物現其光彩的「摩尼珠」。

讀季季文章，最好於夜深人靜之時，在燈下用心細讀。你的心靈會被她的筆尖牽引到每一個她深深體認到的境界中，而沉醉到哀樂難以自主。這分哀，不是淡淡的哀愁。

樂，也不是淺淺的歡樂，而是甘願爲人世分擔憂患禍福，那一分沉甸甸的切膚之感。她的一字字，一句句，有如細細密密的琴鍵，輕輕重重地敲打在你的心弦上，怦然有聲。我指的不是她的辭章之美，而是說她的每字每句，都是從她自己的心弦上彈撥而出，彈撥的她自己的樂章，唱的是她自己的「夜歌」，你聽來卻如此親切而不生疏。因爲你自己也同樣有一顆關切世界的心懷，你也曾經歷人生的崎嶇道路，只不過你一時尚未去找那些妥貼的辭句來表達；或尚未以一首夜歌唱出你的幽思。而季季卻已「先得吾心」了。這情態，如果借一句現成句來說，也許就是「人人意中所有，人人筆下所無」的巧思妙構吧。

說巧思妙構，季季筆下卻只見摯情，未見著意斧鑿痕跡。所以我覺得她的每篇文章，是用全副「心魂」寫，而不是光用「腦子」寫的。她於遣辭用字之際，總求如何傳達她錐心的感受，深切的領悟，而不是求如何使讀者驚歎她的文字技巧。她更不企圖以雕繪滿眼的辭藻，引讀者走入撲朔迷離之境。那就是說，她的文字是平易近人的，即使修辭也是立乎誠的。以我個人來說，我一向很難接受雕繪滿眼或過於「新穎現代」的筆法，對季季的作品，我卻滿懷歡欣地全盤接受了，因爲我正是一個用「心」讀而不是用「腦」讀的讀者。

韓昌黎說：「艱窮怪變得，往往造平淡。」季季的散文，一如她的生命歷程，於領略坎坷顛簸中，已由亂流急湍趨於舒緩平易。例如〈你的呼聲〉、〈她的背影〉，和〈暗影生異彩〉諸篇，就充分顯示了這一方面的成就。她微帶詩情的、凝練的象徵之筆，有如山澗清泉，經過亂石的沖擊以後，依舊涓涓而流，流進你的心田。我讀這些文章時，心中、耳中也似乎響起「似纏綿亦似鞭策，空無所有中……卻曾高昂、更堅韌、更不可動搖」的呼聲。我也彷彿看到一個「天寒翠袖薄」的寂寞背影，踽踽涼涼地走向雲天渺遠之處，心中感到一陣悽惶。這也許就是我所說的「哀樂不能自主」吧！

可是季季從不作頹廢的呻吟，消沉的歎息。文中沒有「疏離」、「空茫」、「失落」等字眼。正相反的，在她任何一篇作品中，都顯露出她對悲壯生命的謳歌，生存價值的肯定。這，一則是由於她的本性原不是繞指柔，二則是錘鍊的歷程一天天更使她成了百鍊鋼。在這些篇章中，隨處都閃爍著她智慧和溫厚心靈所凝聚而成的燦爛星光。譬如在〈她底背影〉一篇的最後，她寫道：「我從她底背影中體認而最深刻的領悟乃是：我如她的背影一樣，仍在一條漫長的生命路上寂寂地朝前走著。雖然每一步都是艱苦的跨越，但卻從未停止，亦從未想要停止。」這正是海明威所說的「人可以毀滅，卻不能被打倒」的毅力。對著拾垃圾夫婦的熟練動作，她說：「每一個動作都顯示出一種久經磨練的默契，那些在人們眼裡是骯髒瑣屑的穢物，到了他們手裡，彷彿都變單純了。」這是莊子「道在糞溺」的高層次領悟，也見得她對人世任何卑微事物看法的虔敬。在〈花一文中，我以萬分喜悅的心情一遍又一遍地讀著她如下的句子：「花們無語，卻在滋潤之後漸次甦醒了葉子。在那樣沉默而有力的回報中，我的補償的過程於焉完成了。在人和植物的世界裡，生命中尚有如許微妙而虔誠的交流和互慰。那麼炎日的殘酷，雨打落花的傷感等等，不都可以釋然於懷了嗎？」她沒有「淚眼問花花不語」、「心事花開花謝」等哀傷的基調，而從「與花鳥共哀樂」的情愫中，體認出天地間不息的生機，物我共榮的妙趣。她焉得不拈花微笑呢？〈落日〉對她的啓示是：「任何一種置之死地而後生的過程，都飽含著淒涼有力的靈感和悲壯感人的成分。它是一種最實際而且最徹底的人世體驗。」不用賣弄什麼人生哲理，一切的領悟都從扎扎實實的生命歷練中得來。所以這一類的句子也就彌足珍貴。她總是以柳暗花明，峰迴路轉之筆，帶給人們以亮麗的曙光。是不是因爲季季寫作都從深夜到黎明，東方第一道晨曦的出現，給予她更多面臨苦難的勇氣，也啓迪她更豐富的創作靈感呢？例如一個有殘疾的雞胸人，在她眼中「乃是宇宙最溫暖而堅強的角色：一個勇敢盡責、樂天知命、隨遇而安的人」，是我們東方精神的涵泳。又如明明是在落日黃昏中，面對蒼涼的火場，一位白髮老人重整家園的堅定信念，頓時拂去她心中的憑弔與哀感，而寫下：「天光漸暗了，我看不到火燼，也看不到那許多張憂愁的臉，我甚至不再感覺那是一片火場，我只知道那是一片無比深厚的土地，永遠賦予人們最原始而堅實的期望。」哀而不傷，是一分高越的情操。我個人對寫作不變的宗旨是，再深沉的苦難，再令人傷心的醜陋事實，總要給予人們一絲慰藉，一分寬恕，一縷希望。因而讀季季的作品，乃頗有相契於心之感。

〈抽屜〉、〈黃昏〉、〈一天裡的兩件事〉諸篇，該都屬於生活小品。她細膩幽默有情致的筆觸，娓娓道來，不但引人入勝，還總悄悄地告訴你一些她所領悟到的妙趣，與你共享。對著她自己紊亂的抽屜，她卻發現「內心原來藏著更多的，多到幾乎無可限量的抽屜。放置著我與這個世界緊密相連的各種愛與同情，挫折與鼓舞，謙卑與敬仰，耕耘與收穫，唾棄與讚美……它們……更爲壯闊而深遠，也更值得珍惜與留存。」對季季善感的心靈來說，人世間原無一事一物不值得珍惜與欣喜。

誰都知道，季季是寫小說的能手，以一枝寫小說的彩筆，來給散文著色，寫到人物、情景之處，自是出色當行，鮮明生動。〈鄉下老婦〉、〈再見，翁鑼仔〉、〈一個雞胸的人〉和〈夢幻樹〉諸篇，就是最好的例子。如她形容雞胸人的深黑的頭髮「一根根零亂地豎立著，充滿了一種無可奈何而十分任性的肅殺之氣」。語言運用之巧妙，不亞於張愛玲。而我特別激賞〈夢幻樹〉一篇。她發揮了高度的小說技巧，卻又是一篇上乘的散文。曾記數年前，沈櫻女士將荊棘的〈南瓜〉，選入散文欣賞集，《這一代的小說》卻將它列入小說之中。可見小說、散文的分野有時也模糊的。尤其是有人物、有故事、有對話的散文，我們似可姑稱之爲「散文小說」，正如似詩的散文可稱之爲「散文詩」。

「散文小說」具備小說的成分，而結構不必如「純小說」之嚴謹。但季季的這篇〈夢幻樹〉卻是結構十分嚴謹，依我個人看來，可稱得起是一篇第一人稱觀點的好小說。她對阿山要把尊嚴維持到底、似倔強而實畏縮的性格，透視得非常徹底，寫他與凶犬作殊死戰的可憐相十分傳神，而於冷靜觀照之中，透著同情與尊敬。因爲阿山並不眞是個可憐蟲，他也有他對人生理解的層次。他會因知道的事物太多而感而悲哀，他認爲勇氣也有許多層次。有趣的是季季這枝筆，也是層層逼進，愈探討愈深入。夢幻樹的出現，疑眞疑幻，於惝恍迷離中見境界。與前文鬥犬的場景，看似不關聯，而氣氛由緊張而轉爲沖和，神情由困惑而趨於澄明。季季抽絲剝繭似的，由一個層面進入另一個層面，正由於她純熟地運用了小說的技法，有寫實也有象徵，配搭得天衣無縫。

難得的是季季不關心寫作理論，故在創作過程中，絕不受理論的牽絆而益見其生動活潑。〈夢幻樹〉與〈一天裡的兩件事〉，景物迥異，而意象有異曲同工之妙。後者寫她眼中所見的兩件事：收垃圾的夫婦是一對踏踏實實爲生存而掙扎的「人」。天邊夕陽下，白雲中乍隱乍現的飛舞鴿群是一幅大自然的「畫」，她擷取二者使成爲強烈的對比，在她內心此二者的啓迪卻是統一的、調和的。這一點與〈夢幻樹〉所顯示的境界正相契合。因爲她都以同樣虔敬感動的心情接納了。在〈夢幻樹〉的最後，她寫道：「我回過頭去，只見天地遼闊，一片清澄，那綠蔭華蓋，白色的圍牆，瘋狂吠叫的狗，都沒入一片清澄裡。而勇氣、理性、尊嚴，都在那一片清澄中，分別綻出大小不一、色澤各異的花朵。」這豈不是莊周齊萬物的境界？

在季季的每一篇文章中，我似乎都看到了那一朵冉冉綻發的花朵。

寫至此，我忽然想起蘇東坡的一首〈定風波〉中名句：「鳳凰山下雨初晴，水風清，晚霞明。一朵芙蓉，開過尙盈盈。何處飛來雙白鷺，如有意，慕娉婷。」這原是與此毫不相關的兩種境界。但在對人生的感悟上，似頗有契合之妙。眞希望充滿靈心智慧的年輕作家們，都盈盈綻放出朵朵芙蓉，讓摯誠的讀者們，自比爲天際飛來、慕娉婷的白鷺吧！

又不禁想起詠梅花的兩句詞：「猶有最高枝，何妨出手遲。」這可以譬喻：愈是遲遲出手，作品愈精。季季散文寫得慢，也寫得少，做爲一個熱切的讀者，我願耐心地盼待著她的最高枝。

——民國六十七年七月

・《夜歌》，季季著。民國六十五年，爾雅出版社出版。

親情、友情、祖國情

記得在好多年前一位年長的讀者朋友對我說：「我非常欣賞簡宛的作品。無論是親情、友情、祖國情，以及在異國的所思所感，都寫得那麼地眞摯而生動，於樸實平易中透著無限的溫馨。」

聽了她的話，我好高興。於是也就格外注意起簡宛的文章來了。每回見到，必仔細地讀，無論她的散文或小說，篇篇都是有感而發，言之有物，文筆灑脫自然，沒有絲毫的矯飾，寫作領域也益見廣闊。因爲她年輕、敏銳，且正在日新又新地進步中。定居國外以後，懷著滿腔的愛與求知的熱誠，學問見識與對人生的體認，更是隨歲月而俱增，文章自然愈來愈圓熟，也愈有深度了。

簡宛的夫婿，這位年輕學人，待人誠懇，談吐風趣，寫得一手幽默好文章。這於《葉歸何處》與《書中日月長》二書後記中可以見得。他對簡宛自少女時代便熱中的寫作志願，始終予以全力的支持與鼓勵。使簡宛於做一個好妻子、好母親又兼一份工作之餘，仍能孜孜兀兀，執著自己的旨趣，未曾一天放下書與筆，而且文集也一本本地問世。簡宛努力的成果，終使她獲得中山文藝獎。妻子的成就，這位好丈夫實在應當居首功的。

簡宛在《地上的雲》後記中寫道：「在朝夕相處的日子裡，他把他的豁達和開朗傳染給我。若不是他的樂觀，我不可能在異鄉旅居的日子，仍然能面帶笑容。若不是他的了解，我更不可能在繁忙的美國主婦生活中，還能緊緊地握著我熱愛的筆。」家興在《書中日月長》的後記中寫道：「她相信沒有一個夢想是不需要付出代價的。當獲得了夢想實現的滿足，一切挫折與忙疑也就煙消雲散。她常說我是一個無可救藥樂觀主義者，我認爲她才是眞正樂觀主義的實行者。」

讀著他們這兩段彼此充滿柔情的感激與愛意的文字，怎不令人對懷抱著如此高潔情操的一對神仙眷屬，興起無限欽羨之忱！

我去簡宛家那年，她除了在大學圖書館工作之外，還選修一門社會教育學科，同時又和志同道合的中國朋友，盡義務爲中國兒童創辦中文班，不辭辛勞地教兒童中國語文，使他們自幼在兩種不同文化的衝擊中有所體認。對於祖國文化的傳播，和下一代的教育，她實在付出了極大的心力。她一面工作，一面寫作，一面潛心研究東西文化之比較，致力於兒童文學的整理與創作。這一切都只基於一個字，就是「愛」。她妹妹靜惠說得眞對：「大姊是一個充滿愛心的人。」與簡宛相交以後，我確實感到她隨處流露的那一分眞摯的愛心。她的執著於寫作，也只爲申訴心底對人類的熱愛與期待。她自認寫得不多，但句句都是肺腑之言。這就夠了，因爲「肺腑之言」便是至情至性之文！

由「書評書目」出版的《葉歸何處》和《地上的雲》二書，在國外時已仔細重讀，並曾寫了一篇讀後感，篇名〈那一片上升的雲〉。

簡宛的第三本散文集《書中日月長》出版時，我尚在美國，常與她通電話談寫作、談生活。最後總是說一句：「我們報上見。」作爲彼此在寫作上的鼓勵。

《書中日月長》的內容，方面很廣，文筆也益臻明淨。於字裡行間，可以讀出她更濃重的去國懷鄉之思，更深厚的親情與友愛，與對自己國家兒童的滿心關注。更可以體會到她對學問智識如飢如渴的追求，以及對寫作無休無止的狂熱。

簡宛說自己愛寫作如戀一位情人，她也自嘲爲「玩筆喪志」。其實正由於她如痴如醉地握住這枝筆，她的志愈堅，思與感愈銳敏，心胸愈開闊也愈深厚，題材的領域也愈擴展。此所以這兩年來，她又不知不覺地寫下了十幾萬字。這些文章，篇篇都是她久居海外的深切感受，是不得已於言而後言的至情至性之文。

由於簡宛在這些年來對西方文明史深入的觀察與體認，反使她愈加地欣賞與懷念東方文化，也愈加關懷自己國家的下一代。她深深感到，在精神的領域中，西方文明是無法解救人們內心的寂寞空虛的。由於她對這方面的認知，在近年來的許多篇章中，這一分思與感，自是愈益深切。她身居海外，去國日久，唯有以全心靈投注在寫作天地中，她才能眞正感到快樂。

對於一個熱中寫作的人來說，精神上的收穫，實在遠勝於物質上的享受。簡宛在信中告訴我說：「我若是去上全天班，就可以多賺一份薪水，我們的物質生活可以過得更舒服。但爲了給自己留下多一點時間寫作，我寧可少點收入，爲的是要選擇自己的生活方式——精神感情上的富足。寫作使我擁有更多的親情與友情，也感受到更深的祖國情。我實在沒有什麼大志，但願能筆耕到底，一生能夠做好一件事也就夠了。」

這一段肺腑之言，使我非常感動。

簡宛自嘲「無大志」，「筆耕到底」正是她的大志。中國人講究的是「安身立命」四個字，簡宛夫婦定居國外逾十餘年，而他們一心嚮往祖國，關懷祖國，他們一家始終是道道地地的中國人。因爲他們眞正把握了「安身立命」的大道理，也充分發揮了中國人重精神不重物質的高潔情操。

做爲簡宛的朋友，每於報刊上讀到她自海外寄回發表的文章時，總有一分快如睹面的欣慰。

簡宛夫婦將赴歐陸從事學術工作半年。從此簡宛的識見愈廣，感受愈深。我在熱切地期待著讀她於行萬里路所寫愈深愈廣的好文章。

可是每當我重讀她第一本集子《葉歸何處》時，我內心總在想：無論簡宛走遍了天涯海角，她心靈裡那分「葉歸何處」的根觸，只有愈加深沉。因爲她是道道地地的中國人。

——民國七十三年二月

・《書中日月長》，簡宛著。民國六十八年，爾雅出版社出版。

讀《母親的夢》

六十九年春，我參加在日月潭召開的全國文藝座談會。在涵碧樓的大廳裡，看見一位素未謀面的文友，笑吟吟地向我走來，自我介紹說他的故鄉是浙江青田。一聽說是大同鄉，就非常高興地和他聊起來。他一臉的誠懇樸實，和一口急促的藍青官話，立刻使我有一分「他鄉遇故知」的親切感。

他就是詹悟，記住他的名字以後，才想起以前曾林林總總看過他好幾篇文章，知道他小說、散文、評論都寫。與他交談以後，倒覺得他是我們家鄉話所說的，「一根肚腸通到底」的那種坦誠人。

不久以後，又在《中華副刊》讀到他的〈夜大生活〉與〈第二張畢業證書〉。才清楚他的身世。原來他十歲喪母，一生流浪，來台以後，於萬分困苦中一面工作，一面自修，考取高考，獲得教書工作，而後娶妻生子，有了美滿家庭。賢妻相夫教子，他再去讀大學夜間部，又再接再厲也考入研究所。他那一分青年人潔身自愛的奮鬥精神，對工作的負責認眞，和對文學寫作的執著熱愛，眞是深深地感動了我。於是馬上提筆給他寫了一封長函，告訴他我以有此一位鄉弟爲榮。他當然也非常感動於我這個老大姊對他的「賞識」。我們既誼屬同鄉，自然感到格外地投緣了。

這次他的文集《母親的夢》出版，要我寫幾句卷首語，儘管我不敢托大地爲人寫序，對他卻也是義不容辭的。

他把校樣送來時，對我說：「只要隨便翻翻，說點感想就可以了。」我既要寫感想，又怎麼能「只隨便翻翻」呢？我必須要仔細地讀；讀完以後有感想就寫，沒有感想就不寫，這才是誠實的態度。可是當我一篇篇讀下去時，竟是愈看愈感動。我覺得詹悟的文章比人可愛，因爲他說話總是瑣瑣碎碎，有點時空顚倒的「意識流」，可是文章卻非常簡練有條理，流暢自然。散文本來是直抒胸臆，能表情達意便好，但他寫得一點也不拖泥帶水，字裡行間流露著一片至誠，多處令我往復低徊，既欣賞又感動。我越發相信章實齋說的「文不足以入人，足以入人者情也」這句話的道理。

詹悟寫苦學奮鬥的歷程，平實懇摯中，包含了無限酸辛。他的勤奮、謙沖，埋頭努力，衝過一關又一關，就爲對雙親的一點孝思，使他堂堂正正地踏上人生的康莊大道。這些篇章，是足以爲青年人進德修業的參考的。

他寫日常生活，都取材於身邊瑣事，哪怕是重重困境，筆調仍充滿了風趣。例如在〈視茫茫〉中寫眼疾嚴重，走出暗室，他說：「我的右眼瞳孔放大，所看到的景物反而小了。於是我眼底的世界，一大一小，竟出現兩個不同的世界。」在〈另眼相看〉中，他要求護士小姐：「留一隻眼睛讓我看一看太太，等她來了再綁起來。」他是能以微笑與愛面對疾病的。

〈治病紅包〉一文，寫得亦莊亦諧，對仁心仁術的大夫，懷有無限的感激與敬意，而對於一般醫院與醫師的陋習，他也諷刺地點到為止。

〈家禽〉一篇寫對於老龜的寬容與愛，深獲吾心。他說：「與牠眷愛片刻之後，就起來攤開稿紙，牠成了督促我早起的良友了。」一個寫作的人，大概都有點痴傻得不近常情的吧。

〈給未謀面的孩子〉，一字一淚，爲了家庭的經濟不得不將未成形的胎兒動手術取掉，一個作父親的心，痛苦可知。讀到最後一段：「夜半，聖潔的鐘聲敲醒我的噩夢，我和你媽都哭了。孩子，你若有靈，會同情你的父母，原諒你的父母嗎？儘管你已不在人間，但你是我們的孩子，我們會永遠永遠地懷念你。」天下父母心，焉得不泫然淚下呢？

〈最苦莫過兒病時〉與〈他站起來了〉，寫他兒子罹患小兒痲痺病，與疾病苦苦奮鬥的經過，可說是最感人的勵志文學。做父親的沉痛地寫道：「我的兒變成爬蟲了嗎？他整天像一隻壁虎，靠著膝蓋，拖著兩條無力的小腿在地上爬。我寧願自己爬一輩子，也不願看到孩子在地上爬，我一定要他站起來。」

父親的愛，加上孩子堅強的毅力信心，經過千方百計的治療，兒子終於站起來了。他寫道：「十年來，我看他跌倒、爬起，跌倒、爬起。每次孩子跌倒的聲音，沉重地撞擊著我的心，我的心在滴血。我兒、我兒，他卻一滴眼淚都不流，只聽到他的骨頭碰在路面上發出輕脆的聲音，他只輕輕啊唷一聲，臉上掠過一絲痛苦的表情，仍勇敢地背著大書包站了起來……我眞高興，孩子的世界比大人勇敢。」

他的孩子是勇敢的。他開刀一點不怕。他說：「我將來也要做小兒麻痺的醫生，專門給患小兒麻痺的孩子開刀。」父親安慰地「看兒子全副武裝上國中，像個無敵鐵金剛」。他連軍訓都不願被免去。

詹悟安慰地寫道：「二十年了，孩子平安地長大。如今他已是中國醫藥學院三年級的學生。今後他要走的路很長，我相信他會更加堅強地走下去的。」讀完這篇〈他站起來了〉，令人好感動，也好欣慰。詹悟是一位好父親，他以愛灌溉兒子，使他能以健康的身心，順利成長。他樸實眞摯的筆，也寫出了無邊的親子之情。

廚川白村在《苦悶的象徵》中說：「文藝絕不是一般大衆的玩藝，而是一種嚴肅沉痛的人生苦悶的象徵。」當人生遭遇到痛苦時，不是被痛苦擊倒，就是要化悲憤爲力量。讀詹悟《母親的夢》文集，我知道詹悟是從生活的重重困厄中，深深體會到這點道理，而內心充滿勝利者怡然自得的快樂的。

——民國七十二年十一月

・《母親的夢》，詹悟著。民國七十二年，水芙蓉出版。

傳神又傳眞

——我看《年輕》

年輕的作家夏祖麗，訪問了二十位年輕人，寫下一本閃爍著生命之光的書——《年輕》。

這不是一本供人消遣的書，更不是作者藉此賣弄才情的書。你必須以十二分溫厚的心去讀，慢慢地去體會，自會從內心油然興起一片虔敬，隨著作者親切、平易而又生動流暢的筆觸帶著你和書中人面對面握手言歡，侃侃而談。心靈上所感受的愉悅欣慰，將無言可喻。

這二十位年輕的女性，儘是斐然有成的作家、畫家、記者、影星、音樂家、舞者、服裝設計師、旅遊事業主腦、電影導演，但她們仍然是平平常常的人。走在街頭，和你偶然邂逅，你不會覺得她們有一點特別。但她們忠於自己的工作崗位，那一分堅毅的意志、執著的責任感，和敬業樂業的精神，將會讓你深深領悟：「天下無難事，只怕有心人。」正如書中所報導的殷允芃所說的：「只要一個人不斷地努力，他幾乎能得到一切所要的。」

難得的是本書作者從事訪問和報導的態度之虔誠認眞。因爲這些年輕人，各有不同的性格和生活背景、不同的理想、不同的工作興趣。夏祖麗於訪問之前，必先下一番工夫閱讀她們的書，觀摩她們的畫，欣賞她們的演出，再訪問她們的師長親友，以求深入了解，然後去和她們作懇切長談，一次再一次。她溫和地動問，細膩地體會，以全心靈投入對方的工作狀況或生活心態中，才動筆來寫。儘管如此，她卻不作刻意的描繪，更沒有虛飾的誇張。她只以最平實恰當的文字，寫出她們每個人眞實的故事，寫得那麼鮮活生動而眞摯。對她們的言談舉止，熱中工作的情操，只淡淡幾筆，卻絲絲入扣。可貴的是，她給人的感覺，並不是她們成就的不可企及，而是「彼人也，我亦人也」的啓迪。這就是本書值得一讀再讀的原因。

現在來談談我的讀後感：

王信這位雄心萬丈的攝影師，她把滿腔鄉土愛、同胞愛，注於藝術作品中，表現了她的高度智慧和開放胸襟。她的山地霧社攝影報導尤其顯示了她廣大的人類愛。一個小時候只會剪娃娃玩的女孩王碧瑩，由於老師梁丹丰女士的啓迪，使她奠下畫畫的基礎，也學到爲人處世之道。雖然以後迂迴曲折走了許多路，終於找到自己的旨趣而成爲服裝設計師。女導演汪瑩說：「做一個女人，還不及做一個人重要。」肯定了「天生我才必有用」的意義。她在美國求學的一段奮鬥史告訴我們一個人的成就，不是靠運氣的。對於家庭兒女與事業，她有她的看法。讀了她的故事，不禁使人由衷欣賞這位大而化之的女權運動支持者，也是一個唯美派的女人。季季，十六年來沒有一天停過筆，她出色的散文小說和報導，證明沒有參加大專聯考，一樣走出一條燦爛的路來。她踽踽獨行的經驗反而完成了她的志願，因爲她是個堅強的女性。失去聽覺的林燕沉醉在無聲世界中，卻用畫把明朗活潑的鄉野氣息帶給人間。當讀到她母親對她的愛和啓迪，令人感動得落淚。冷靜、獨立、富判斷力的外國通訊社記者殷允芃，眼觀四面，耳聽八方的才能智慧，絕不是一朝一夕所能培養出來的。而她以悲天憫人的熱情，描寫了孤兒院、老人院，尤其是費城唐人街的文章，令人歎佩無已。以天才兒童被送出國深造的鋼琴家陳必先，都是由於她的勤奮苦練，和雙親之愛的培育。她和音樂融爲一體的基本條件就是簡單的兩個字——用功。她的業務經驗和才能不是尋常的，但也是磨鍊得來的。〈歌緣未了〉的趙曉君的氣質和文章，使人們了解一個具風格的歌星奮鬥的艱苦過程，也使人悵惘於她天生多愁善感的性格。失聰的鄭雨是幸福的，因爲她享受了人間最多的母愛。夏祖麗於熱淚盈眶中領悟了什麼是愛，她細膩的筆觸也使讀者有同樣的領悟。〈盈淚導播〉龐宜安對電視節目的創見，和對兒童教育的重視值得有關方面的深思。龔明祺，這位唯一東方女性酒類化學師，分辨酒的本領就像個魔術師。她舌頭每一部分的敏感度眞正異於常人嗎？不，是經驗的累積。豈止經驗，還得有一顆細膩而負責的心，更要經得起酒癮的引誘；這眞是一門特別的行業。提起雲門舞集的三位少女，何惠楨、鄭淑姬、吳秀蓮，走在人群中並不出色，一上舞台就成了閃亮的星星。她們對舞的狂熱和執著，感動得本來游移不定的老師林懷民哭了起來，因而對「雲門」建立起希望和信心。最感人的是女孩的一句話：「因爲對自己沒有信心，所以要試著做下去，看自己有多少能耐。」平劇演員徐露在舞台上經驗了各式各樣的人生，體會日深。最感人的是她說：「一個被別人認爲不好的人。大家都不幫助他，老說他壞，叫他怎麼好得起來呢？」一個從事藝術工作的人，具有如此菩薩心，就不致爲名爲利或求自我表現了。徐楓和徐露的故事，都使人對表現人生的意義多一層體認。因爲人，一降生斯世，就上了舞台，不容退卻。她必須認眞、謙虛、誠懇地從開始演到落幕。

總之，《年輕》這本書的成功，是由於夏祖麗傳神又傳眞的筆調。每一則故事的感人，不是三言兩語說得出的，還是請細心的讀者各自體會吧！

——民國六十五年七月

・《年輕》，夏祖麗著。民國六十五年，純文學出版。

兒時不再

每回看〈我愛大自然信箱〉，小朋友問楊平世老師有關生物的各種問題，馬上覺得自己也會縮小回去，縮到六歲那麼小，只想高高舉起手來喊著問：「老師，我有一個問題，螞蟻會不會打噴嚏？」「老師，我還有一個問題，蚯蚓長大了，會不會變成蛇？」

我為什麼會想起這樣古怪的問題呢？是因為我小時候生長在鄉間，每天趴在泥巴地上，數著螞蟻爬來爬去。有時一陣大風吹來，覺得好冷，會打噴嚏，想想螞蟻那麼小，會不會怕冷，也打噴嚏呢？我問外公，外公總是點頭說：「會的會的。」卻又說不出個道理來。至於蚯蚓呢？那是我最怕的蟲類。那樣子好醜、好膩胃，可是外公說蚯蚓在泥土裡打洞，把土打鬆，好吸收雨水，是益蟲。又說蚯蚓命大，是「小蛇」。蛇呢？命更大，是「小龍」。我的生肖又偏偏屬蛇，不可同類相殘。

我還有個問題也想問老師：「過新年，百腳蜈蚣媽媽要給牠的三個兒子，兩個女兒做新鞋，牠究竟一口氣要做多少雙呢？」那時候人類都還沒有家庭計畫觀念。蟲兒更不會有，所以蜈蚣媽媽生了一大堆兒女，好辛苦啊。

當然最後這個問題應該問數學老師的。又有一次，我忽然心血來潮，寫信到兒童信箱問一個問題：「蜘蛛聽不聽得懂人唱歌呢？」我問這話是有原因的。就是那個星期六早上，我在屋裡看見一隻小蜘蛛爬得好快，想從我腳縫中逃，我立刻把腳移開，生怕踩到牠，蹲下去輕輕對牠說：「蜘蛛，你別怕，我不會殺你的，你慢慢地爬，爬回洞裡去吧。你媽媽在找你啊。外面馬路上好危險，你得沿著水溝邊才比較安全呢。」別人一定覺得我是個神經病，蜘蛛怎麼懂人語呢？其實是因為我小時候，就是看到母親常常這樣跟昆蟲們細聲細氣地說話的。她除了對蒼蠅、蚊子才罵「討厭死了，打死你」以外，其他的蟲兒，都像是她的好朋友。現在我比母親當年的歲數還大了，可是一想起母親來，我就變成孩子了。

說也奇怪，我這麼喃喃地自言自語著，小蜘蛛竟然停了下來。我眞是好高興，高興得馬上對牠唱起歌來，唱一支幼年時母親教我的歌：「蟲蟲嬉，雀雀飛。蟲蟲田裡吃穀米。雀雀飛上高山吃棠梨。」我一遍又一遍地唱，愈唱愈開心。再沒想到那隻小蜘蛛居然轉過身來，把臉對著我，兩隻前腳凌空舉起來一動一動地像在舞蹈，嘴巴也一動一動地。牠一定是聽懂了我的歌，牠也高興起來了。我這一樂眞是非同小可。心裡想，不管是不是偶然的巧合，至少蜘蛛也有第六感，牠感覺得出來，這個人沒有害牠的心。空氣中盪漾的一定是一種溫和的音波，而不是急速的拍打所引起的劇烈震盪，所以牠也安心地欣賞起我的歌兒來了。和蜘蛛「珍重道別」以後，回到屋裡，我就寫信去兒童信箱問這個問題。楊老師給我回信說：「不能確定蜘蛛是不是聽得懂人唱歌。但你所想的多少也有點合乎科學的道理。」從這些回答中，我獲得不少智識，也解答我不少疑問。尤其是他們的有獎徵答，想出來的問題是那麼地生活化，卻是我們時常忽略的，或是想知道而無法知道的。經他們一問，我也好想猜猜看，如果我只是六歲的兩倍——十二歲的話，我一定會應徵回答，可惜我已經是六歲的十一倍，沒有資格了。想想光陰是多麼寶貴的東西，一被它跑掉，就再也追不回來了。我好想縮小回到六歲的幼年，卻是再也縮不回去了。

儘管我已是六歲的十一倍，卻不是個哈腰駝背、呵欠連天的老太太。我走起路來，健步如飛（在初中時競走第一名）；吃起東西來，冷的熱的，炸的炒的，甜酸苦辣的，樣樣都愛吃，嘴饞嘛。講起幼年的故事來，那眞是有一大籮筐，沒完沒了哩。

如果我能細心、耐心地從百忙中擠出時間一個個地寫，那該多麼好呢？

——民國七十三年四月

・《我愛大自然信箱》楊平世著。中華日報出版，共約十餘集。

心中有塊小黑板

——讀《小黑板》

《小黑板》是應平書爲小朋友們解釋與欣賞中國古典詩歌的一本書。我在一首首重讀的時候，就不由得邊唱邊回想兒時讀詩的情景。因爲這些詩歌，都是我小時候讀過的。

這本書字體大，又有注音，加上美麗的插圖，一幅幅山水、人物，都配合著詩歌中的情景，眞是有趣多了。想想我們那個時代，哪裡有這樣精美的讀物呢？繃著臉的老師，從大人書裡用紅朱筆在某一首詩的題目上打個圈圈，就命令我：「讀十遍，背不出來再讀十遍。」連解釋也不解釋。幸得詩歌都有韻，念起來順口好聽，我就小和尙念《三字經》似地念著念著，念不到三、五遍就會背了。老師聽我背過以後，就搖頭晃腦地讚歎起來：「『一片花飛減卻春，風飄萬點正愁人』，眞好呀！『孤舟簑笠翁，獨釣寒江雪』，眞高呀！」我覺得花飛起來多麼好看，有什麼好愁的呢？冬天那麼冷，還要去釣魚，有什麼高的呢？老師偏偏又不講個道理出來。

現在的小朋友運氣好多了，平書把精華的詩篇選出來，比較深奧難懂的詞句都加以清楚的解釋。裡面包含的故事，也都用淺白的文字，譯述出來。並把詩人寫作的動機與當時的背景，不厭其詳地加以分析，帶領孩子們欣賞。告訴他們一首詩中的「言外之意，弦外之音」，一遍又一遍地念、思索，慢慢體會。

古人寫文章或作詩詞，最喜歡引用典故。一篇作品，如果沒有幾個典故鑲在裡面，就顯得不夠亮晶晶的樣子。可是讀者如果不知道那個典故，就不懂他在說些什麼了。因此典故太多的作品，讀起來就很吃力，但是聽老師講典故，卻是非常有趣的事。老師高興起來，也會比手畫腳地講給我聽。比如書中「穆穆清風至」這首詩吧，老師就講了「尾生抱柱」這個故事。說尾生在橋下等待相約會面的女孩子，一直等到水漲上來了，他硬是抱著橋柱不走，於是就被淹死了。我聽後呆呆地想了好久，問老師說：「這個尾生，不是太傻了嗎？何必苦苦等待一個不喜歡他的女孩子呢？被水活活淹死，叫爸爸媽媽多傷心啊！」老師也笑了，點點頭說：「你講得有道理，對於一個不守信用的人，不必這樣固執。而且一個人的生命是很寶貴的，不可以隨隨便便就去死掉。」

這件事，我一直記得。因此覺得明白典故，不但可以明白作品的意義，還可以引發我們的思考力、判斷力，這才不是讀死書，死背書了。

後來進了中學，我們的國文老師是燕京大學畢業的，學問好，講書講得好棒。他對我們說：「讀古人文章與詩詞，典故要記得越多越好，因爲可以幫助你了解作品內容。但自己寫作時，典故卻要用得越少越好。不要被古人的材料限制住了，一定要有自己創造的新鮮句子，表達自己的思想與感情。」他又說「用典故就好比廚子燒菜放味素，稍稍加一點提口味是可以的，用多了就失去菜的本味，那就不是名廚了。」老師這席話，我一直記在心中，現在特地要告訴小朋友們，希望他們在背了許多詩歌以後，能吸收其中的意味與情趣，體味每位作家不同的風格，不必硬記典故。

說實在話，我就不大喜歡典故太多的詩詞。沒有用典故的有時反而更自然、更眞切。例如杜甫那首〈聞官兵收河南河北〉的律詩，全首詩沒有一個典故，卻是對仗工整，音調好聽。他寫聽到政府軍收復失地，自己馬上可以還鄉，不由得悲喜交集，先是「涕淚滿衣裳」，接著又「喜欲狂」。神情描寫得多麼眞切！又如李白的五言絕句〈獨坐敬亭山〉，也沒有一個典故。若試試看多念幾遍「相看兩不厭，只有敬亭山」兩句，先是覺得李白怎麼傻傻地呆看敬亭山，繼而會覺得敬亭山就像個老僧，也在呆呆地看他。鳥兒歸巢了，雲也飄得遠遠的，寂靜到極點的處所，卻有著一個眞正的知己——敬亭山，想想看，李白那時的心裡，是孤單呢？還是踏實呢？

我小時候有位比我大幾歲的小叔叔，他背的詩歌眞多，又會講故事。他說王羲之愛鵝，幼年時看見鵝在河裡游來游去，就隨口念出詩來：「鵝，鵝，鵝兒曲項向天歌。白毛浮綠水，紅掌撥清波。」多麼傳神！他又說唐朝的駱賓王，小時候就是個神童。他幫母親掃地餵小雞，就唱道：「打掃階前地，放出一籠雞。」他母親說：「你一天到晚作詩，太辛苦了。」他馬上答道：「明明是白話，又道我吟詩。」

我聽了好羨慕，恨不得也馬上會吟詩呢。正好看見一位堂哥在踢毽子，我就唱起來了：「哥哥踢毽子，一二三四五。」又從口袋裡抓一把炒蠶豆，往嘴裡一丟，再唱「蠶豆滿口吃，六七八九十。」看我是不是個作詩的料呢？

我現在心中就有一塊小黑板，每天清晨或夜晚，一個人靜靜地，小黑板上就會現出一首詩或一首詞，都是自己最喜愛的。有時還會現出一大篇密密麻麻的文章呢。那都是小時候挨了老師不少次揍才背下來的。這些詩篇或文章，在今天這把年紀重讀起來，都是別有一番滋味在心頭。

希望小朋友們捧著《小黑板》這本書時，慢慢兒地讀，自自然然地背誦，心中一定也會出現一塊小黑板，時時遊玩出自己特別喜愛的詩歌的。

——民國七十三年元月

・《小黑板》，應平書著。民國七十二年，中華日報出版。

這也是一本大人書

——讀《我愛ㄅㄆㄇ》

我從小沒有學過注音符號，爲了許多方面的需要，中年以後，才跟好友海音學。她的教授法好，大王一學就會，很快就記住了。而中年人到底不比小孩子，念起注音符號來儘管順口，寫起來不免會錯誤。想一想，再改正，就慢了半拍啦！

自從一頁一頁仔細讀著林武憲的《我愛ㄅㄆㄇ》，幫助了我重識每一個注音符號，我再也不會寫錯了。聰明的作者，他好有心思，配合注音符號，編出一套套生動有情趣的詞兒，有的是兒歌，有的是童詩。加上劉伯樂鮮明活潑的彩色圖畫。我看著、念著，念著、看著，一顆心變得無憂無慮，恍恍惚惚中，又好像回到了童年。

我非常喜愛其中許多首。例如〈ㄋ〉那一首：「小牛喝牛奶／小羊喝羊奶／我喝了牛奶／會不會變成小牛／我喝了羊奶／會不會變成小羊。」一點童心，令人莞爾。又如〈ㄎ〉那一首：「可口餅乾眞可口／吃了餅乾眞口渴／口渴了喝可樂／有吃有喝眞可樂。」是多麼有趣的繞口令！還有〈ㄗ〉那一首：「棗泥粽子眞好吃／有粽子／有棗子／棗子藏在粽子裡／粽子裡頭藏棗子。」念著念著，我的嘴都甜起來了。

林武憲取材於兒童所熟悉和最感興趣的日常生活，寫來自然、親切，非常吸引人。尤其難得的是：短短的幾句詞兒裡，常寓有很深的啓迪意味，卻又不帶訓導口氣。例如〈ㄘ〉那一首：「曹先生種青菜／曹先生勤拔草／要想青菜長得好／不怕辛苦多拔草。」正是告訴孩子們，一分耕耘，一分收穫。又例如〈ㄝ〉那一首：「爺爺送我小紅鞋／姊姊叫把大字寫／穿了紅鞋想爺爺／學會寫字謝姊姊。」邊念邊欣賞那一幅白髮爺爺和漂亮姊姊，陪著小弟弟，「穿著小紅鞋習大字」的插畫，眞令人愛不釋手，而小朋友們在念這四句順口的詞兒時，自然會體會到孝思與親情的意義了。

《我愛ㄅㄆㄇ》不僅是一本教學上的好書，也是一本極優良的兒童讀物。它不僅是一本兒童書，也是一本大人書。爸爸媽媽結束了一天的忙碌工作之後，把寶寶摟在懷中，和他一起認ㄅㄆㄇ，一起欣賞圖畫。這又是多麼美的一幅天倫圖呢！

我也忍不住編個歌兒唱起來：

我愛ㄅㄆㄇ
爸爸也愛ㄅㄆㄇ

媽媽也愛ㄅㄆㄇ
婆婆也愛ㄅㄆㄇ
我更愛
我的ㄅㄚˋ ˙ㄅㄚ
ㄇㄚ ˙ㄇㄚ
ㄏㄢˋ ㄆㄛˊ ˙ㄆㄛ

——民國七十三年三月

・《我愛ㄅㄆㄇ》，林武憲著。民國七十年啓元文化出版，民國七十五年親親文化重排新版。

花旗王國的眾生相

——《從美國下手》序

初識李勇，是在一位畫家朋友的晚宴上。我對他的印象是敦厚、樸實，說話平易，態度誠懇，因此一見如故，談得很投緣，以後常通電話也偶然見面，多次深談後，更發覺他是個豪邁正直，疾惡如仇的性情中人。

他送了我兩本文集：《台北、香港、紐約》與《紐約傳眞》。讀來都愛不釋手。他的文筆簡潔明快，論人論事，一針見血。他報導的筆鋒，則如龍蛇絡繹，活潑生動，充分發揮了資深記者的才華，而內容卻都是眞實而不渲染誇張。他曾對朋友說：「作爲一個記者，無論寫報導、寫短評，務必事事都有根據，語語都要負責，以求對得起讀者與自己。」可見他寫作態度的嚴謹。尤其難得的是他對大陸共產政體的徹底認識，分析得鞭辟入裡，足以催醒許多人對社會主義所存的幻想與迷夢，這是最最值得欽佩的。

現在他又將出版一本新文集，囑我寫幾句感想。我捧著稿子一篇篇看下去，竟是欲罷不能。他寫華人在異邦掙扎所受的挫折，寫越南難民的受歧視，筆底流露無限酸辛。他描繪美國社會諸般現象，有如讀傳奇小說，篇篇引人入勝。益見他搜集資料豐富，學識廣博，觀察深入，見解獨到。且於字裡行間，體會到他滿腔對國家民族的關愛情操，與悲憫情懷。而其語重心長之處，尤爲發人深省。例如〈在種族歧視面面觀〉一文中，他說：「黑人雖苦，也有啃書的能耐，中國人雖有啃書的能耐，不見得就能脫離苦境」，「因此，與其爲黑人歎息，不如爲華人抱不平……」，說得十分的沉痛，又如〈新聞記者的感慨〉一文，將美國與中國記者情況作一比較，對自己中國的記者生涯，感慨良深。但他筆調幽默之處，卻又引人莞爾。例如他諷刺美國人以年薪高低衡量作家與清道夫的價値觀念，是「斯文」不如「掃地」，對於美國民主精神之徹底，他卻是十分欽佩。

由於作者對美國國情透視愈深，對華人酸辛之處境愈了解，對共黨面目認識愈清楚，他的心情也就愈沉重，流露於筆端的，就不由得常常過分激動。他曾自我警惕說：「有時未免火氣太大了，以後要注意，自我克制一下。」我倒認爲，就由於這分「眞」，正是他文章的可貴處，也是他性格的可敬處。

這不是一本供人茶餘飯後消遣的小品文，而是一本既嚴肅又幽默，有諷諭也有輕鬆的上乘報導文學作品。讀本書，可以增加對美國的認識，擴充視野。更具有上文所說的

「語重心長、發人深省」的作用。相信本書的問世，一定會受到海內外讀者一致的歡迎與重視的。

這是我這個粗淺的「先讀爲快」者誠懇的推介。

——民國七十五年二月

・《從美國下手》李勇著。民國七十五年，希代出版社出版。

一位年輕的握筆人
——讀《握筆的人》

收到夏祖麗寄來《握筆的人》，一邊忙不迭地拆開，一邊自言自語地讚歎：「咪咪眞棒，又一本訪問記完成了。」

咪咪就是夏祖麗。打從她四、五歲到今天三十歲，這麼多年來，我好像從來沒喊過她一聲夏祖麗。總是「咪咪，咪咪」地叫她。所有的朋友們都這樣叫她。倒是她急性子的母親，有事情催這位慢性子的女兒快做時，就會連名帶姓地大喊她一聲夏祖麗。

凡是咪咪雙親的老朋友，也都是她的「忘年之交」。因而她對於每一位父執、「母執」，自幼就有鮮活的印象，深度的了解。加上她聰穎的天資，細膩的性格，得天獨厚的家學，寫起文章來，自是得心應手，生動、深刻有情致。

讀她在〈後記〉中的話：「因爲年紀漸長，生活經驗增加，覺得對人、事的觀察和體會，似乎要比以前更深切些……可以捕捉到以往無法體會的許多感覺……」念著念著，一個洋娃娃似的可愛小女孩，就出現在我眼前，那就是四、五歲時候的夏祖麗——咪咪。那時，每當我去看她媽媽，跨上她們日式老房子的玄關，咪咪和她的姊姊美麗就會一同跑來，一人捧一隻拖鞋，把我的雙腳套上。然後姊妹倆就輪流把小腳丫子套在我的鞋子裡，拍嗒拍嗒在榻榻米上跑。她們特別喜歡我那雙前面一朵蝴蝶花的淺紫色平底鞋。邊跑邊說：「潘阿姨這雙鞋好好看啊！」我也就非常地得意起來。等我坐下來和她母親聊天時，她倆就端端正正地圍坐在我前面，撐著脖子，聽我們談天。也許是我的話題時常扯到「故鄉與童年」吧，她們都聽得津津有味，咪咪還會由衷地讚美一聲：「潘阿姨的故事好好聽啊！」並不是我的故事好聽，而是她特別有聽故事的耐心和感受力。這也就是她後來能寫這樣好訪問記的主要原因之一。

她長大以後，姊姊遠嫁到了美國，她聽故事的伙伴，換了她的妹妹阿葳。兩姊妹在聽任何一位阿姨談日常生活，談文壇趣事，都非常入神。聽到感動之處，二人就會淚眼汪汪起來。有一次，我說起我們有次打了五歲的憨厚兒子，我覺得心裡很後悔。正說著，咪咪姊妹倆的眼圈兒就紅了。我走以後，她們還在「對泣」，她媽媽問：「怎麼回事呀？」她們齊聲說：「潘阿姨的兒子好可愛，好可憐啊！」這一對小女孩兒就是如此地富於同情心，這又是咪咪能寫一手眞誠感人文章的主要原因之一。孩子們都有一段念別字的有趣時期，咪咪自不能例外。有一次，大家在討論看電影。一位阿姨的孩子說

「我要看〈全車王八〉」，咪咪立刻說：「我不要看〈全車王八〉，我要看〈情天未了（念國語輕聲）緣〉。」大家聽了莫名其妙，一看報紙，原來一個說的是〈金車玉人〉，一個說的是〈情天未了緣〉。大家都笑彎了腰，而咪咪仍然躊躇滿志，因為她畢竟認識了很多字，能夠看報紙啦。又有一次，她母親聽她念一本書：「我們要不怕英雄，我們要克服英雄。」她母親想「不怕英雄」還勉強講得通，有一股「彼人也，我亦人也」的氣概，可是「克服英雄」怎麼講呢？拿起書一看，原來是「不怕困難」、「克服困難」，她念的是「因雄」而不是「英雄」，誰讓「因雄」與「困難」長得那麼像呢？

念著念著別字，咪咪就長大了。她不再是林良先生說的「跪在矮桌前面，對著週記愁眉苦臉，對寫文章一點不感興趣」的人，她用功地閱讀，細心地觀摩，虔誠地學習寫作。她不但是學習，而且正式開始寫訪問記了。她的第一本訪問記《她們的世界》出版時，博得「父母執」和讀者們一致的讚賞，更增加了她的信心和毅力，因而有《年輕和更上層樓的《握筆的人》之繼續問世。讀著她簡潔而傳神的文筆，再回想她「情天未了緣」的童年憨態。在二十多年的成長過程中，她確實是不怕「因雄」（困難），不斷地在克服「因雄」（困難）！這一分執著，也正是使她成為傑出撰稿人的又一主要原因之一。

祖麗看起來並不是個能說善道的人，而且依她母親的標準，她的國語是全家最蹩腳的。可是她簡簡單單的話，卻常常很幽默，她母親說有一次她隨外祖母上街，老年人買東西不免喜歡還還價，有時會殺個半價。咪咪在邊上就低聲地驚叫：「婆還的價我都要自殺。」誰也想不出再好的形容詞了。這也是她寫起訪問記來，能出現跳躍字眼的原因之一。

祖麗寫得慢而細，她的慢不是下筆慢，而是準備時間充分。儘管她對訪問對象已經很熟悉了，她必然要把他（她）們的作品和有關資料仔細閱讀，再請教對方的許多朋友，把握訪問的重點，產生訪問的靈感。訪問對象由於她的從容不迫、慢條斯理一句句地問，而引發了靈感，滔滔地說出許多並未預先想到要說的話，這些話，也促成了祖麗有更多的妙筆。例如她在訪問馬思聰先生時，一直默默地對著馬先生臉上凝視，沉思地說：「我覺得您臉上有好多故事。」對著如此虔誠的訪問者，怎不使馬先生想起許多刻骨銘心的故事呢？

在訪問之前，她既下了很深的研討工夫，訪問時，又是如此地婉轉而且細心，寫出來的訪問記，當然是十二分的傳神，而又保持客觀——傳眞（這是非常重要的一點）。她以樸實、篤厚（也就是子敏先生所說的古風）、細膩、鮮活的筆觸，敘述出被訪問者爲人治學的方針，寫作的心情，文章的風格。使讀者透過她的筆下，似也與被訪問者本人作了一席談，而獲益至多。在《握筆的人》中，單看〈移植的櫻花〉一篇對歐陽子的訪問，就可見她準備工作之周詳，態度的誠懇，下筆的嚴謹。越洋通信訪問，究竟不像面談，可以隨時作補充。這必須雙方心靈更密切的契合，息息相通，才能寫得如此成功。讀此文後，對歐陽子女士爲學爲文超越的毅力與智慧，益爲敬佩。祖麗自己也說：「三個月來的通訊，搜尋資料，我何嘗不是學到了許多呢？看到別人對文學的那分執著，對自由生命的崇拜狂熱，這對我自己確實是一種激勵。」

祖麗有時也寫點應景的急就章，但儘管「書被催成」，卻並不草率，而且充滿風趣。例如有一次她爲《婦女雜誌》訪問影星盧燕，而盧燕已將離台，約不上時間，知我與她在上海時有一席師生之誼，所以就以電話「訪問」我，叫我談些盧燕香（她的原名）學生時代的情形，以及我那年在洛城與她重聚的情景。我們在電話中談了幾十分鐘，沒兩天，她的一篇稿子已經寫好，相當地有特色，可見她的機智與技巧。

於不斷的歷練中，祖麗原本溫厚而敏銳的心靈，日益充實、完美。眼看她從四、五歲那麼一根小小豆芽菜，在愛的陽光雨露中茁壯，今天她已是一位婷婷少婦，兩個孩子的母親，孜孜兀兀的撰稿人。令我們所有做阿姨的，內心該有多欣慰。成長固然艱辛，卻是萬分壯麗的。連我這個漸漸邁向老境的人，都覺年光並未白白飛跑，因爲光陰幫助人領悟人生，完成自我。尤其是小一輩的成就，使我們覺得自己也不會老去。記得我孩子童年時代對我說過一句傻話：「媽媽，你現在不要老，等我長大了，我們一同老。」

他的愛使我感動。如今他已成人，而我卻不能不老去。但無論是看到自己的孩子日益成熟、獨立，或是看到朋友孩子的出色成就，就覺得自己老去也是值得的。每當和咪咪促膝談心時，望著她那張娃娃臉，就和她幼年時說「情天未了綠」的可愛神態一般無二。二十多年前，和好友們言笑宴宴的歡樂，遂即湧現眼前。也覺得老一輩與小一輩之間，沒有一絲隔閡，恍惚中，我眞有「大家一同老」的感覺。

祖麗畢業於實踐家專，我又「恰巧那麼不巧」地（引用子敏先生的話）在她畢業後執教家專。每當她有訪問記發表時，我總要將刊物拿給同學們仔細拜讀，介紹她們這位學會計的學姊，鼓勵學美工的同學尤要努力，一面也覺得祖麗的出色表現，自己這個做阿姨的也與有榮焉。

祖麗曾對我說，完成這第三本訪問記後，她要將筆頭轉向人間許多感人的故事。我聽了眞是高興。儘管今天舉世滔滔，橫逆和戾氣已超過了祥和，但仍然有更多爲愛，爲義，爲人生眞正意義而默默地、沉著地掙扎奮鬥的可敬可佩之人。以祖麗對人間的關愛，對世事的體認，對生存價值的肯定，加上她智慧靈性中所原有的同情心與幽默感，一定可以發掘更多更多未爲人所知的感人的故事。再寫出一本「他（她）們的世界」。

大文豪海明威說過：「要從事寫作的人，首先要有同情心與幽默感。」希望祖麗百尺竿頭的第四本集子，能夠綻出奇葩，發放異彩，使一部分感到困頓、徬徨、迷失的人們，振奮起來，走向正確的光明之路。這也就是眞正的「爲人生而文學」的「人的文學」了。

一元復始，萬象更新之時，我在遙遠的天的另一方，虔誠地祝福這位「年輕」的「握筆的人」。

——民國六十七年元月十五日深夜於紐約

・《握筆的人》，夏祖麗著。民國六十六年，純文學出版。

春水船如天上坐

——讀《看花集》

最初讀思果先生的文章是遠在十年前，那是文星書店出版的，《思果散文集》。翻開書，先讀題名〈別離〉的一篇。（我一向沒有順序看書的習慣，除非是學術性的著作。）因爲別離是人人都有的深刻感受，看他是怎麼寫的呢？讀著讀著，我整個心魂就沉浸其中，不是傷離怨別的眼淚，而是作者樸實婉曲之筆，道出了天地間最感人、最眞摯的親子之情，卻於極自然的運筆之中見技巧。緊接著，我再看那篇〈狗〉和〈悼基瑞〉（狗名），由於我也是個愛小動物的人。讀了以上三篇，決定非一口氣從頭讀完這本書不可，因爲這是性情中人寫的性情中的至文。

可惜的是我一直還沒機會讀思果先生其他的幾本散文集，因此盼待到了他的最新作品《看花集》，當然是如獲至寶似的，一篇篇仔仔細細地拜讀。我有一個感覺，讀他的文章，如同面對一位和藹謙沖、學識廣博的長者，他不懍然岸然地說人生大道理，不眉飛色舞地賣弄學問，不傲骨嶙峋地譏諷人情世態，你只安詳地、輕鬆地聽他侃侃而談。那一分款切的拳拳摯誼，那一腔對人世的關愛，那一派溫厚的幽默，使你如飲甘露，如服清涼散，如於和風麗日中徜徉於綠野平疇，或水流花放的幽谷之中。不一定看到什麼奇花異卉，而一縷淡淡的清芬，卻時時撲鼻而來，涼浸心脾。叫你忘卻塵世的缺陷、醜惡和憎恨，總覺人生畢竟是美好的，人情是溫暖的，世事是大有可爲的。我不妨拿本集中〈中英美散文比較〉一文，作者對新散文的主張來作注腳吧！他說：「新散文……再不是板起臉來講仁義道德，而是和讀者促膝閒談，寓教訓於趣話，叫人讀來非常舒服。」（《看花集》一六八頁）他眞是把握這個原則，自自然然地做到了。

我常常比喻自己的作品是「清湯掛麵」式的，只能勉強記事抒情，拙於寫景。我覺得寫景最難。稍一著意，就流於辭藻的堆砌而致以辭害意。而且以文字描繪景物，小心不及繪畫之以線條色彩、藝術攝影之以光影形象更能予人以視覺上直接與具象的感覺。但當我讀了〈春至〉、〈秋葉〉，與〈冬日漫筆〉三篇時，眞不能不驚奇於作者的一枝彩筆之妙用，有勝於畫家。他不但把你帶入畫圖中，帶入比實際還美妙的景色中，更把你帶入他個人對景物體認所呈現的意象中，而至反覆流連。

例如在〈春至〉中他說：「大地去年脫掉的衣服裡，有件翠色薄紗的內衣已經重穿上身。」「天公一枝筆，在大地上塗抹，塗一次綠一分，直到初夏綠得透不過氣來爲止。」「春不是難測的客人，不會半夜悄悄走掉，來了就要住一些時。」清新脫俗而又不著力的毫端輕輕一點染，便告訴你春到人間，叫人心神怡悅。我覺得唯有辛棄疾的詞：「昨日春如十三女兒學繡，一枝枝不教花瘦。」之句，差堪比擬。

他寫秋來臨時說：「枝葉悠然飄墜，就叫你疑心是飛鳥降臨。」「太陽照在橡樹的紅葉上，看去就是一簇簇的瑪瑙。……這樣大一株瑪瑙樹，誰買得起。我們能看一陣也很有福分了。」寫冬天卻說：「我心裡替寒林點上青綠，早已看到春天，而且沉醉了。」微帶哲理的筆觸，令人莞爾。誰又能說「春無消息誰知」呢？又如他寫佛州的天氣說：「天天晴朗，天上的雲不多，得一個閒字。古人詩詞裡常用『閒雲』二字，現在我才明白他的好處。」眞彷彿他畫了一幅淡墨山水，令人激賞。

〈遷移〉一篇，寫盡了現代人由於轉徙搬遷，對書籍什物難以割捨的心情，筆下充滿感情而又別饒風趣。他說：「教科書上有他們（兒女）用彩色筆畫出的地方，不認識的字查出了注釋，我想這些東西，他們將來拿出來給子孫看看，也是好的，我實在沒有權丟掉，可是……」「我曾想過，如果到月球，只能帶一本書，我帶哪一本？……我實在不知道，也許爲了書，我情願不上月球。」「許多書放在丟的一疊，想想捨不得，將來也許全需要，又找回來，找回來了，再一想，又丟掉。」那一分「剪不斷、理還亂」的「難捨難分」，眞是所有愛書人的同感，也是漂浮無定所的現代人的悲哀。若是舊時代，書香門第，有的是可容千萬卷藏書的大書齋，何至把心愛之書丟棄呢？我知道思果先生讀書博而精，經他讀過的書，一定是圈點批注，點點滴滴的心血，自然更捨不得丟。

記得先父曾對我說：「能讀書的，不但人受書的益處，書也受人的益處。」經思果先生讀過的書，一定受了他不少益處，他既然「送給朋友，朋友不要，他送給陌生人」。那麼，朋友或陌生人又可由他的書而獲得益處，一想有人獲益，書離開了他，也就不必依依不捨了。

我最喜歡的是〈懷念〉、〈吃喝〉、〈老壽〉、〈不惑之年〉諸篇。尤其是〈懷念〉，作者對於淪陷在大陸的親人、師友的懷念之情，只於瑣瑣屑屑的小事回憶中，娓娓道來，似乎有點凌亂，而於凌亂中見眞情。屈原〈離騷〉之所以亂，原因想也在此。好像他的每一位親人，也就是你我的親人，給你一分哀樂相共的感受。而於文字之間，沒有絲毫的做作，絲毫的渲染。更沒有「泫然欲泣」、「涕泗滂沱」等那麼多的眼淚，他只平平實實、眞眞切切地把一件件瑣事寫出來，使你低徊不已。例如他寫重逢一位童年時的老友說：「最後一次見到他時，他的頭髮已經白了許多，背也駝了一點，只有笑起來眼睛裡還閃出兒童時代要做英雄的光彩。」只此一句，道出了多少今昔滄桑。其中有一段文字，實在太感人，我忍不住非抄下來不可，否則未看該書的讀者無法體會這分無可奈何的眞切之情。

我們去了香港等於和她（外姑母）永別。我們全副精神放在孩子身上，想她的心淡，她的心一定全放在我們身上，想念我們很苦。有時我和梅醴（作者夫人）談起她，別離的哀愁已經近於沒有。「不知道姆媽還活著麼？」我偶然一提，「誰知道。」梅醴也隨便一答。我們好像在說別人家的事。可是最初分別幾年中並不如此。那時一想起外姑，梅醴就要流淚，現在分別太久了，我們慢慢地麻木了。好像我母親死了這麼多年，我知道已經沒有希望再見到她，所以難得爲她掉眼淚一樣。可是現在如果見到外姑——

句句話出自肺腑，似淡而實沉痛，因爲時空的間隔總會使思念淡去，但這卻是浩劫時代的人生悲劇。正如作者說的：「何以在短短幾十年之間，我們要兩次經過這樣的巨痛？」

他又誠懇地說：「我也不是一天到晚懷舊，只是偶爾觸動。……這種痛有時也很淡，好像一縷輕煙，不可捉摸，不過痛總是痛。」眞是「不思量，自難忘」，正是他的「修辭立其誠」的最高境界。

在篇章中，也有許多雋語，引人深思，例如：「在衣冠華麗的人面前露出寒傖相還不要緊，在有學問道德的人面前顯得比他闊，才難堪呢！」「不必說要好的朋友，即使從前不很要好的朋友，也使我想念……自己身上的刺比以前少了，對朋友也更能了解一些。」「往日種種的傳奇變成了尊嚴、責任、同情、互助、光榮，這才眞正說明了夫妻的神聖關係。」於此可看出作者爲人爲學處世的謙沖與誠懇。

於〈吃喝〉一文中，可看出他生活的情趣。他對吃喝一道，原來深有研究，也頗懂得偶然享受一下。經他娓娓道來，彷彿你也跟著他嘗遍了大陸各地的名產名菜，而油然起思鄉之情。但他最後的結論是：「我雖然嘗過可以稱得最美味的中國菜，也承認這是人類最高的享受，藝術的上乘，可並不贊成這樣講究口福……人生有許多要務，而且我們財力有限，不容在飲食上費太多時間和金錢，只要不把好材料糟蹋，顧到營養就行了。」表現了道地中國人的節儉之風。

〈幸災樂禍〉、〈失火〉二篇是幽默小品，寫人性弱點，入木三分，可是處處語重心長，透著宗教家的溫柔敦厚之旨。

第三、四部分如讀百科全書，見得作者學問興趣之廣，探討態度之認眞。隨筆方式，寫來亦莊亦諧，妙趣橫生。仔細地讀，可增加很多學識。例如〈國語〉一文，對於中國文字的音韻，把燕京音、中原音，各地方言，以及皮簧中的各種音調和聲母尖團等等，作一番比較，卻不給人掉書袋的枯燥之感。

由此看來，寫好散文眞不簡單。第一要有淵博的學問，第二要有廣泛的生活情趣，第三要有仁厚的胸懷。思果先生於中西文學修養至深，所以文中許多中外掌故，都是信手拈來，有畫龍點睛之妙。他更以虔誠宗教家的愛情體認人生。有著那不枯竭的涓涓活水，焉得不寫出至情至性的上乘散文呢？

在〈中英美散文比較〉一文中，他提到「純淨」二字。他幽默地說：「散文不純淨，等於白蘭地酒裡攙了洗腳水。」我要告訴讀者，儘可以放心地飲這杯白蘭地——細細品味思果散文，因爲裡面沒有攙洗腳水。

後漢時代的陳仲舉，對平實得「無德而稱」的黃憲極爲欽敬。他常常對人說：「時月之間，不見度叔，則鄙吝之萌，復存乎心。」我個人與思果先生，尙未謀面，但覺多讀他文章，可去心頭鄙吝之心。相信欣賞他文章的讀者們，亦會有同感吧！

《看花集》的書名，是作者得之於孟郊「春風得意馬蹄疾，一日看遍長安花」的詩句。由「看花」二字，我卻聯想到大家都熟知的杜甫的兩句詩：「春水船如天上坐，老年花似霧中看。」兩詩的寫作心情迥然不同。但我覺得少年時代，走馬觀花固然壯志愉快，中年以後，霧中看花，亦別有一番滋味。證之以他〈老壽〉一文中所引盧祖皋之句「載酒買花年少事，渾不似，舊心情。」誰曰不然？

但我眞正著意的卻是上一句：「春水船如天上坐。」因爲讀思果先生散文，有如於春江水暖之日，一葉扁舟，隨意蕩漾，心情是怡悅的、溫暖的、悠閒的，也是豐盈的。這也許就是古人所說的「如坐春風」吧！

——民國六十五年七月

・《看花集》，思果著。民國六十五年，大地出版。

不薄今人愛古人

——讀新詩

我對新詩的理解力非常薄弱，可說毫無「慧根」，但也偶然撿到幾首自以為能夠領會的新詩，便不勝沾沾自喜。我非常佩服新詩人的想像力和創造精神，他們完全擺脫了傳統的格律音調，以絕對自由的語象，表現最眞、最深、最婉曲也最踏實的思維和感情。有好多新詩，無論明喻、暗喻、象徵，其所表達的意象、情趣，都予人以明珠翠羽般玲瓏剔透的精美之感。我個人覺得，讀新詩不必執著於詩人眞意之所寄，不妨於一片朦朧中掇取你自己所喜愛的一、二句或一、二節，細細咀嚼，如能別有會心，也就樂在其中。打一個比喻，我欣賞新詩就像面對黑絲絨上撒開的一把寶石。絢爛滿目，似凌亂也似有其自然的韻律。絕不是死死板板鑲現成的一枚鑽戒或一隻翡翠別針。你盡可以揀取自己喜愛的一粒寶玉，放在手心摩挲把玩，或試著給它們掉換個位子重新排列，然後再還它本來面貌。我這個外行人就是這樣欣賞新詩的。雖然我從來沒能像背舊詩詞似的把一首新詩背得朗朗上口，但卻有許多特別鮮明的意象，特別清新活潑的想像，令我念念不忘。

近來正在讀蓉子的新詩集《橫笛和豎琴的晌午》。正和讀其他新詩人的詩一樣，有些篇章，我讀了幾遍仍無由領略，卻有些篇章中的一二節、一二句或一二字捉住了我的興趣。例如她寫誰韓國吐含山看日出：「就如此攀登／踏一山夜色／沐靜謐中的寒冷／仰猶未解凍的月／與天明前的曉星去尋日。」「一山夜色」之句可以入詞，足見新詩並不避免舊詞彙，例如「惆悵」、「愴涼」、「姍姍來遲」等，她都用了。而〈一朵青蓮〉中的「從淡淡的寒波擎起」一句更見舊詞痕跡，卻無損於全詩精神的新。正如秦少游的「斜陽外，寒鴉數點，流水繞孤村」，是套的隋煬帝的「寒鴉數萬照，流水繞孤村」，加三字而境界全出。又如白居易的「樹初黃葉日，人欲白頭時」，司空曙套用為「雨中黃葉樹，燈下白頭人」。雖然增加了顏色的陪襯，但因句法形式未變，總覺得是因襲前人。可見文學的創新之難。再說蓉子詩的第三句「沐靜謐中的寒冷」，似更勝於「寒冷中的靜謐」，我想作者當時的感受是「寒冷」更勝於靜謐，或由於字音的高低緩急之分，這是我不懂新詩的揣測之詞，乞作者原宥。我欣賞的是第三句中的「解凍」二字。以此形容黎明前的月，十分傳神。那一年我和她一同上了吐含山，一同望著曉霧沉沉的月，我腦子卻跳不進「解凍」二字。只覺得「朦朧」二字是不足以勾畫她的。這就是新詩人的獨具匠心之處。古人寫月的詩詞極多，我獨愛納蘭的句子：「一樣蛾眉，下弦不似初弦好。」從主觀心情上著筆，無限悵惘。「辛苦誰憐天上月，一夕如環，夕夕都成玦。」從形象上著筆，寓有無窮感慨，造意都非常清新，可說是當時的新詩。又如東坡寫月色的短文：「庭中如積水空明，水中藻荇縱橫，蓋竹柏影也。何處無月，何處無竹柏，但少閒人如我兩人耳。」我覺得稍加套改，便可成一首新詩。可見好的文學作品，不分古今新舊，其精神原是一脈相承的。

話題扯得好遠，現在再來談蓉子用以題詩集的那首詩，她以隔岸的擣衣聲形容悠悠遠遠的音波。「擣衣聲」三字溢漾著一片古意，是生在充滿洗衣機聲的現代人所沒有聽到過的，詩人於引用此三字時，必然發思古之幽情，而進入了那古樸的境界。她將它和現代名詞「音波」配合在一起，格外地鮮明有情致。這，想來就是新詩的時代氣息。李杜時代沒有收音機，沒有「音波」這個名稱，沒有冰箱，沒有「解凍」的觀念，現代的詩人就有了。相反地，在日光燈、霓虹燈照耀之下，你若吟起「一燈如豆」或「殘燈挑盡」之句，千百年後的讀者，就不知你這個作者生在什麼時代了。所以我非常贊成新詩人以日常生活的語言入詩，只要構成的意象能貼切地表達你生活的實際感受，就是美。因爲美的先決條件是眞，失眞的陳腔濫調就不會引人共鳴。若是引用古典詩詞中現成詞彙，這個舊瓶中的酒必須是你自己的靈感釀出來的新酒。否則在他年的文學史上，就沒有新詩的一頁地位了。不記得是哪一位詩人以沸騰的過錳酸鉀溶液，形容鳥類的交響曲（原詩已不能記憶）。以實驗室中各種形象象徵天籟，這分現代人的感受，絕不同於「群鳥高飛盡，孤雲獨去閒」的李白獨對空山的感受，這也就是時代不同，生活方式不同所引發詩人意識之不同。今人之筆，非古人之筆，甲之筆，非乙之筆，富於創造力、想像力的詩人，無論古今，都有「人人筆下所無」的技巧，以表現他獨特的風格。

寫至此，我不禁想起新舊詩的融合問題。我認爲年長一輩或古典文學深具修養的詩人，由於一縷懷舊之情，偶賦詩詞時，不妨引用現代的名詞或語言，不但別饒情趣，亦足以見時代脈搏的跳動。曾記我多年前作一首〈賀新涼〉詞贈一位喜愛方城之戲的文友，我戲用了「清一色」、「雙龍抱」等「術語」，一位前輩詩人責我不當以此類不雅名詞入詞，破壞了詞的傳統美。我卻認爲古人可以寫垂釣、棋局，我們爲什麼不可以寫「乒乓」、「麻將」呢？一個人如明明沉醉在湯姆瓊斯熱門音樂的歡樂氣氛中，如何硬要他體會「孤舟簑笠翁，獨釣寒江雪」那種遺世獨立的心境呢？

新與舊只是時代的差距，今天的新也必成爲來日的舊。作品的內容與形容因時而異，但無論如何，詩本身所必須具備的詩質是古今相同的。沒有了詩質，勉強寫成詩的形式，或賣弄一些五花八門的詞彙，則無論舊或新，都不能稱之爲詩。一位眞正的詩人，他也必須具備詩質。袁子才說得好，「吟詩好比成仙骨，骨裡無詩莫浪吟」。所謂仙骨，就是詩質——詩人的一點靈心。此心可以上接古人，遠交海外。又有什麼新舊之分呢？我就是抱著「不薄今人愛古人」的態度，愛好舊詩，也喜讀新詩。解或不解，都有一分陶然之樂。有時偶然發現異代不同時的詩人，靈感相通之處，便感到十分高興。記得鄭愁予有一句詩：「山是凝固的波浪。」非常形象化。古人詩也有一句「嵐嫩千峰疊海濤」，頗爲巧合。又如他的名句「再跨一步，便是鄉愁。」寫萬里征人的思鄉之情，蘊藉含蓄，較韓愈的詩「馬後桃花馬前雪，出關哪得不回頭」的平鋪直敘，雋永得多了。

不受時空限制的思維之跳躍，無論新詩、舊詩，都屢見不鮮。蓉子的〈音樂盒子〉寫音樂之叮噹逗起她種種的夢，讀來眞有如「夢窗凌亂碧」，令人無法追蹤，我獨愛最後幾句：「夢湖　夢海　海上有天使飛翔　微寒春雨裡　一朵清純明麗的山茶花」由浩瀚的海，忽爾想到春雨裡的山茶花，意識流轉，瞬息千變，使我想起溫庭筠的〈菩薩蠻〉：「水晶簾裡玻璃枕，暖香惹夢鴛鴦錦。江上柳如煙，雁飛殘月天。」由溫馨的閨房，忽然跳躍到暮春破曉的荒冷江面上，中間全無脈絡可尋。認他爲夢境也好，認他爲印象之交錯呈現也好。讀者只須以一顆美的心靈去領受，不必強作解釋，可能作者本身也無從解釋，又如辛棄疾的〈鷓鴣天〉中有二句：「城中桃李愁風雨，春在溪頭薺菜花。」由城中的桃李，忽爾想到野外溪邊的薺菜花，是一種聯想，也是一種對比。至於瘂弦的「乞丐在廊下，星星在天外。菊在窗口，劍在古代」。則是天風海雨，益見神來之筆。凡此皆足見詩人心靈活動的領域，古人今人都是一樣神奇的。套一句李白的詩作比喻：「古人不見今時月，今月曾經照古人。」就是那個亙古不變的月亮，把古往今來的時空糅合在一起了。

舊詩的最大拘束是押韻，絕律與詞曲還須受一定形式及平仄限制。新詩的最大自由也就是不必受韻與格律的拘束，尤其是現代詩。但無論新、舊詩，其內涵的自然節奏仍是不可缺乏的。而這種如野雲捲抒般的節奏，正所以象徵詩人的思維情緒之顫簸，亦有賴於巧妙的文詞來傳達。愈是靈心善感的詩人，愈是技巧高妙的詩人，他的作品節奏愈自然，也愈能引發讀者的共鳴。形式上有韻與否，悉聽自然。不必勉強押韻，但也不必故意避免用韻。

我認爲中國文字的得天獨厚之處，就是一字一音，聲分陰陽平仄。任何一組詞彙，都包含了自然的韻律。如能驅遣自如，絕不致被文字所奴役。唐代的李白、杜甫，雖然風格不同，而他們的遺韻卻都似有神助而入於化境。例如李白的一首人人熟悉的〈長干行〉。押韻極爲自然，尤其是其中「低頭向暗壁，千喚不一回。十五始展眉，願同塵與灰。」「灰」與「回」押韻。卻下得如此的巧妙，把一個少女的嬌羞與痴情刻畫得十二萬分深入，讀來似乎非此字不可。又如杜甫的一首七古〈長鑱引〉：「長鑱長鑱白木柄，我生託子以爲命。此時與子空歸來，男呻女吟四壁靜。」「靜」與「命」押韻，只此一字，便寫出他多少酸辛，也是無聲的淚。妙在他以靜反襯兒女的號哭聲，益見他的淒苦無援。除靜字外再也不作第二字想。可見偉大的詩人，任何字眼，經他一運用，都是點鐵成金之妙。上舉的兩首詩，豈不可說是古典的新詩呢？因此我有一個膚淺的想法：如果新詩人也適時適度地運用中國文字的特質，以音韻表現節奏，是否亦並不妨礙新詩的新，現代詩的現代呢？當然我不主張開倒車，再回頭作舊詩詞，但兒孫與祖父總有一脈相承的血緣關係，縱有神似之處，亦是一分光榮。更何況中國的新詩或現代詩，必須是中國的，船來品的氣味愈少愈好。

記得有一位馮雲濤先生〈聯想的聯想〉一文，對余光中詩的欣賞，所引諸詩，確實非常的「中國」。從古典詩詞入而從現代詩出，脫化自然，全無斧鑿痕跡。許多疊句中的節奏，有著一分詩騷樂府的古意，內容卻是道道地地現代中國人的思與感。我的西洋文學常識極有限，但西洋古典詩，也常是一二句三四句押韻，或一三句二四句押韻，有時爲了韻而將一個字就音節拆分二行，或省去某字中一個字母，或改念短音爲長音，他們不也很重視音韻嗎？好像是白朗寧有一首詩，他重疊地用三個同韻母單音節的字sad, bad, mad,來形容心情，就頗近似李清照的「尋尋覓覓，冷冷清清……」的句法。若把它譯爲傷心、懊悔、惱怒就失去原詩精神了。所以我覺得西方的還他西方的面貌，東方的保持東方的情趣。只要是詩，西方、東方精神相通，古代、近代息息相關。偶然用韻也許限制了一部分自由，但大詩人歌德說得好：「情願不自由，便是自由了。」何況大手筆於稍稍局限中，仍能馳騁自如，則益足見其才華的不受拘束！

余光中的詩〈小小天問〉就是押韻的，並無損於造意之新穎，想像的自由。

其次，我又想到新詩的晦澀問題。這也是造成舊詩人不願接受新詩的一個主因。晦澀並不是含蓄。含蓄是屬於涵義方面的，涵義含蓄到近乎曖昧的仍不失爲好詩，所以難解無妨，完全不可解也無妨，只要不是故弄玄虛的晦澀。誰都感到李義山的〈錦瑟〉詩不可解，而「滄海月明，藍田日暖」一樣構成鮮明的意象，就此意象見仁見智由你去解。可是有的新詩卻是連一點意象也無法捕捉，這就難怪「以艱深文淺陋」之譏了。詩的語言本來應當是最精練最濃縮的，它留給讀者無限的空間去想像，那才有詩味，即使呈現於讀者心中的是完全不同的另一種境界，又有何妨？因爲詩不是散文，不屬於理性的解說，作者並不要求你完全懂，也許他寫詩當時，那分情愫，過一陣子自己也不懂了。正如畢卡索作畫的心情，這又何損於詩質之美呢？所以我個人的淺見是新詩可以難解，可以不解，但不要晦澀。晦澀與明朗是相對的，明朗並非淺顯。明朗的詩更有深湛、雋永的涵義，令人百讀不厭。我認爲明朗是屬於技巧的高明。暗喻、象徵、烘托、對比、擬人等手法，運用愈多愈明朗，也愈見神韻。以蓉子詩爲例：她寫板門店「多麼奇特的觀光櫥窗　不陳列風景　也沒有羅馬假期的笑　只長年地展出一個傷口　十餘年來不曾縫合的創痕」。平易近人，沒有故弄玄虛的字眼。她以「觀光櫥窗」、「羅馬假期的笑」兩種明豔亮麗的事物，反襯出一個傷口，歷史的創痕，成了悲劇性的觀光勝地，令人感慨乎人類的愚昧可憐。是一首好的詠史詩。使我想起庾子山〈哀江南賦〉中「懸弓於玉女窗扉，繫馬於鳳凰樓柱」，以繁華與兵劫作強烈對比的句法。新詩的象徵似乎比舊詩更多，詩人們往往以具象的事物，象徵抽象的情愫或光陰夢境等等。記得瘂弦的一首〈歌〉，以金馬象徵過去，灰馬象徵明日，白馬象徵愛情，黑馬象徵死亡（原詩分四節，每節四句，句法相同，頗似詩經〈子衿〉、〈黍離〉等篇的章法）。一讀便懂，毫不晦澀。又如已故詩人楊喚的詩：「白色小馬般的年齡　綠髮的樹般的年齡微笑的果實般的年齡　海燕的翅膀般的年齡」，他以這四樣鮮明活潑的東西，比喻年齡，逗人無限遐思。下如辛棄疾的〈粉蝶兒〉形容春天「昨日春如十三女兒學繡，一枝枝不教花瘦。……而今春如輕薄蕩子難久」。以人物的行為活動形容春光，這是詞之所以勝於詩處。我非常欣賞余光中〈滿月下〉的最後一節「那就折一張闊些的荷葉　包一片月光回去　回去夾在唐詩裡　扁扁地，像壓過的相思」。想像之美，堪稱新詩中絕妙好言語。月光必須夾在唐詩裡，如夾在《六法全書》或《聖經》裡，就大殺風景了。但如易以宋詞二字，也遠不及唐詩，為什麼呢？或許因「宋」字是仄聲，「詞」字是陽平，發音較低沉混濁，而「唐」字雖是陽平，「詩」字卻是陰平，念來清脆鏗鏘。雖然新詩不論平仄，但音調的悅耳與否，詩人於落筆之際，不由得會顧到它的音樂性，這只是我外行人的揣測而已。

至於擬人的手法，新、舊詩中，俯拾即是。例如杜甫的詩「涇渭無情極，愁時獨向東」。東坡的「春江水暖鴨先知」，晏同叔的「春風不解禁楊花，花濛濛亂撲行人面」。姜白石的「高樹晚蟬，說西風消息」。辛棄疾的「卻笑東風從此便薰梅染柳，更沒些閒，閒時又來鏡裡轉變朱顏」。我特別喜愛他的「約春愁，楊柳岸邊相候」。和東坡的「若到江南趕上春，千萬和春住」。新詩中，也正多此種手法，如已故詩人覃子豪的「湖呀，太陽用金絲的髮，遮著你碧藍的眼」。瘂弦的「海　藍給她自己看」。王蓉子的「飽風的帆孕整個海歸來」（孕字頗見巧思）。「雲的白髮緩緩地掠過樹梢」。余光中的「一隻瓜從從容容在成熟」等句，都是擬人法。正如王國維說的「詩人有重視萬物之心，故能與花鳥共哀樂，有輕視萬物之心，故能以奴婢視風月」。不論是舊詩人、新詩人，都有同樣的一點靈犀。

在遣詞、造句方面，新詩人也不避免用舊句法，可惜我讀過的新詩太少，單在蓉子集中，就發現不少。例如「長風送秋雁，滿院菊花黃」，姑不論工拙如何，句法顯然就是五古。「礁溪的月色好——誰看」便是「中天明月好誰看」的改頭換面。「蒹葭蒼蒼」直接引用詩經之句。我不知道別的詩人是否也有此習慣。有時信手拈來，也點綴得新詩頗見光彩。好像余光中說過「新詩不是白話詩，可以用文言字眼」。那麼引用古句，更屬無妨。何況新詩、舊詩原是一個家族，兒孫們偶然戴上老祖母的珠翠，或將一條古色古香的花邊鑲在時裝上，豈不益見得容光煥發，別具心裁呢？

我個人覺得，新詩，尤其是現代詩，給予人想像馳騁的幅度比舊詩詞更廣闊。這也許由於舊詩詞在形式上已經定型之故。我每讀律絕或詞，無論抒情寫景，總有似曾相識之感。而心靈的活動反爲形式的固定所局限。在我的感受上，常好像是欣賞一幅工筆畫或圖案畫。而讀新詩首先抓住我的是詩人上天下地的想像，其次是變化無端的句法。有時使人如墜五里霧中，但在霧中摸索，正是一樂。以舊詩的比賦興而論，我覺得新詩中的比似較賦多，興似較比多。而興往往是魚龍變化，不可尋得蹤跡的。舊詩因起承轉合，早有定局，即使是所言在此而起意於彼的隱語，也是易於追尋的。因此我想借用王國維論詩詞之不同的精闢之言來比較一下舊詩與新詩。王國維說：「詞之爲物，要眇宜修，能言詩之所不能言，而不能盡言詩之所能言。」我覺得新詩的語言親切、自由，想像豐富，呈現的形象鮮明，故能言舊詩之所不能言。但新詩因詞意濃縮而隱晦，故不能盡言舊詩之所能言。此不能非眞不能，不爲也（當然指的是眞正有修養的新詩人而言）。

同時我也有幾點膚淺而誠懇的寄望：其一、詩固然是文學作品中最精簡含蓄的語言，但無論如何精簡含蓄，所涵的總要是「人人意中所有」的意，就是說創新而不離奇，平易而不庸俗。那麼他那枝「人人筆下所無」的筆，才會為千萬人所激賞。古人說：「得句錦囊藏不住，四山風雨送人看。」人究竟是感情的動物，即使是一位孤芳自賞的詩人，即使他寫的是內心的孤絕感，他既然寫了，總希望能有衆多的讀者，得知音的賞識吧。其二，我國的詩歌，自古風而律絕而詞曲，再自五四以後的新詩直到今天的現代詩，形式與風格的演變是文學自然的趨勢，也是時代的要求。這種演變，一方面由於吸收西洋詩的技巧與精神，一方面是從數千年詩歌演進的傳統中孕育蛻變而來。所以表現的必須是屬於現代中國人自己的情愫，也就是說，是中國人自己的新詩或現代詩，才不至有舶來品或譯詩的牽強痕跡。其三，由幾位新詩人的作品中，已意味到他們頗為珍惜舊詩的精髓而有著回歸傳統的傾向（記得余光中曾有浪子回頭的話）。甚盼眞正有修養的舊詩人，能和他們握手言歡，新舊詩人，煮酒論詩，以文會友。兩者精神的會合，將使新詩益形古典，舊詩日趨現代。尤其是新詩人彼此之間，亦當有雅興與雅量，相互欣賞、討論、批評。使我們的新詩能更上層樓，進軍世界詩壇，發放燦爛的異彩。

最後，我要特別聲明，我於舊詩、新詩，都沒有一點研究，欣賞的程度也是非常粗淺的，拉雜地說了許多感想，恐將貽笑寫新、舊詩的方家們，但，我相信他們都會諒解我的一片至誠的。

——民國六十四年五月

領會至高無上的眞理

——讀《印度古今女傑傳》

糜文開先生的女公子糜榴麗女士編著《印度古今女傑傳》的增訂本，於五十七年一月由三民書店出版。增訂的第一篇〈總理甘地夫人傳〉，是由她的妹妹詠麗女士執筆完成，使此書能儘快與讀者見面，這是特別値得慶賀的一件事。

本書分現代與古代兩部分，而將畢生爲印度的自由獨立而奮鬥的英國女傑貝桑夫人附錄爲第三部分，可謂別有見地。

十餘年前，我拜讀糜先生翻譯的奈都夫人詩，對這位光芒萬丈的女詩人、女政治家，欽仰莫名。如今重讀這本傳記，驚奇於印度現代女傑之輩出，深感具有數十年婦運歷史的中國現代女性，眞有望塵莫及之歎。我原是個對政治沒有興趣的人，而當我讀這幾篇傳記時，她們對祖國，對人類熱切的愛，她們克服艱難的機智，她們威武不屈的精神，深深地啓迪了我，使我領會了，什麼是大仁、大智、大勇、而造物賦予人類的心性德行，原是無分男女，都一樣完整的，只看你是否能把握和發揚光大就是了。

我反覆地讀著甘地夫人傳，深深了解這位反共鬥士人格的完成斷非偶然。第一是幼年時期她的雙親因革命常遭逮捕，燃起她對蠻橫行爲的反抗心理。她父親自獄中對她勉勵說：「不管前進充滿多少荊棘，我們必須永遠記住，絕不能做任何使我們神聖歷史使命蒙羞的事。」語重心長的話在她心中撒下革命的種子。人道主義的詩人泰戈爾所表現藝術的渾然完整性，更陶冶成她偉大政治家的胸襟，使她在動亂中獲得生活的平衡與精神的寧靜。她的成就，並不由於她父親的聲望，而是由於她本身的才華。她充滿智慧的頭腦，使她於四十歲後，由左傾而變爲反共的急先鋒，這是特別值得一提的。

在〈奈都夫人傳〉中，極使我感動的是她接受英國文學批評家歌史的啓示，掉轉筆鋒寫她自己祖國的風土人情。以全部心魂灌注於詩篇，呼喚印度國魂的甦醒，和新印度的誕生。這位愛國詩人，血液中原奔流著革命的熱情。她響應甘地的號召，毅然放棄羅曼蒂克的詩歌生活，獻身革命，以烈火般的演說，代替了詩歌。作者糜榴麗女士說「她的演說眞偉大，這是用思想的經，感情的緯，編織成的演說。有節奏有旋律，眞像一首配上了樂曲的感人詩篇。」連甘地都因讀她的詩而獲得政治的靈感，其感人可想而知。

她從事婦運工作，爭取女性獨立。但她愛家庭，愛子女，提醒大家千萬不能忘掉作一位賢妻良母，這是值得我們女性深深體會的。

賽珍珠寫的〈女大使潘迪夫人傳〉由於馬均權女士的譯筆流暢傳神，讀來像一篇情趣橫溢的短篇小說。使我們對這位女外交家的幼年家庭背景和婚姻生活都有一個了解。她因受西方民主思想的洗禮，所以痛恨婆羅門階級意識和對婦女的壓迫。她獨立不拘的性格，使她對印度乃至全世界將有更輝煌的貢獻。

更有高爾夫人，她放棄了高貴的公主生活，布衣素食，終身不嫁，獻身革命工作。她是甘地的祕書，也是印度婦運的先鋒。她同情賤民階級的婦女地位。就任衛生部長以後，更成爲難民們的慈母。在如此繁忙的工作中，她還有閒情打棒球，編字典，其才華氣度可以想見。我閉上眼睛，可以想像一位穿著印度服裝白髮如銀的老婦人，慈祥親切一如常人。

另一位甘地信徒與婦運的領導者就是阿里夫人。作者薛留生先生詳盡的報導，使我們對這位女鬥士的高瞻遠矚與獨立不懼的精神，肅然起敬。

此外，〈女畫家安列妲葛爾傳〉，對我們的啓示是她的自由意志和創造精神。她絕不因襲歐洲或印度的古代畫法，而是糅合了兩者的特徵，創造了嶄新的典型——是印度的不是西歐的。這就是她的偉大之處。一位有天才、有氣魄、有卓見的畫家，必能擷取其他國家的精華，糅合於本國民族精神之中，透過自己的文化傳統，發出光輝，這才見得眞正的藝術生命。

讀了六位印度現代女傑的故事，她們偉大的人格和光輝的功業，眞使身爲女性的我們感到振奮。生於二十世紀七十年代的中國女性，更應當如何自強不息，發揮女性的才華智慧，使我們擁有幾千年文化傳統的國家，也出幾位現代女傑呢？

本書第二部是印度古代后妃公主們傳奇性的故事。多采多姿，引人發思古之幽情。我讀它們時，就好像在觀賞彩色宮闈電影，隨著作者妙曼婉轉的筆觸所敘述的曲折故事，心緒爲之波瀾起伏。每篇都使我反復低徊，一讀再讀。糜文開先生寫的奇后泰姬傳，筆致雅健雄深如司馬遷的《史記》。最後的論贊，更是馳騁縱橫，別饒情趣。篇後附了羅家倫先生〈詠泰姬陵〉七絕十一首和作者自己的七律一首，尤爲本篇生色不少。

羅尼蓮娘鏡中美人的故事，使我神往不已。蓮娘對夫婿堅貞的愛和抗拒強敵的機智，表現了東方女性的烈性。南印女傑美德比妣，以一身繫兩國安危，親赴戰場指揮作戰，安撫將士，挽救了垂危的祖國。其事蹟頗似我國宋代英雄梁紅玉，名垂青史的女烈士秋瑾。她喊道：「不犧牲生命，就犧牲人格和靈魂，你們願意犧牲祖國，還是犧牲自己？」雖然這是古印度公主的吶喊，可是她堅定淒厲之音卻振撼著千年後我們的心魂。另一位抗英民族英雄蘭克喜彌蓓的英勇事跡，讀來令人蕩氣迴腸，這兩篇都由糜榴麗女士執筆。她在有限的史料中，卻以如此生動淋漓之筆，描繪了她所傾慕的女英雄。

讀完這本書，掩卷沉思，感觸萬千。我已從字裡行間接觸到各位作者深邃的心靈。

爲了發揚女性的光輝，他（她）們千方百計地蒐集文獻史料，寫下寶貴的篇章。閱讀本書不僅是欣賞動人的故事和優美的文章，而是要深深領會本書的涵義——一個至高至上的眞理。那就是人類愛、民族愛，能使表面上文靜柔弱的女性，發揮了殉道的精神，而成爲名垂千古的賢哲與英豪。

——民國五十七年十二月

・《印度古今女傑傳》，糜榴麗編。民國五十七年，三民書局出版。

《詩經欣賞與研究》跋

糜文開佑儷合著的《詩經欣賞與研究》一書，鎔文學趣味與學術研究於一爐，深入淺出，對愛好文藝與嚮往古典文學的青年，啓迪尤多。適宜於青年學子自修或大學教授採作教本。故此書自民國五十三年由三民書局出版迄今，已銷售至三版。博得學術界前輩們一致的讚譽與推崇。張其昀、邢光祖、蘇雪林、戴培之諸先生都曾著文推界。邢光祖先生具體地提出四點優點：

「一、於文字音韻，文法章去，藉旁證博覽，比較歸納，純採現代的科學方法；二、孤證不立，反證姑存，不勦拾舊說，不標新立異。辯詰尊重他人意見，詞旨篤實，文體簡潔，不盛氣凌轢，不支離牽附，有雕菰的餘緒；三、除科學的訓詁考覈外，尤能時時止忘詩本身的文學價值與鑑賞；四、治學題材範圍狹而精，與一般泛而無所得者不同。」

邢先生此語是非常確切中肯的評介。

筆者與糜先生伉儷相識有年。對兩位學人治學態度之認眞嚴肅、研究方法之周詳精到，萬分欽佩。他倆回國三年來，我時常得空向他們請益。今年五月間，糜先生又出使泰國，他留下半學期的「詩經研究與欣賞」一課，暫由我代授。臨行前他倆將趕寫完成的《詩經欣賞與研究續集》付印，囑我代校第三校。去泰後來函說我既已將初續集都重溫一遍，一定要我寫一篇跋文附後，我實在不敢當此重任。可是再三固辭不獲，只得把個人讀初續集的心得，作個報告：

一、研讀方法的正確

於初集〈鄭風・風雨篇〉，作者論詩經讀法，謂朱熹與崔述的讀詩經，都是非常得法而徹底的，但他們仍引朱子自己的話：「被舊說一局局定，便看不出了。」批評朱崔二氏有時仍不免囿於舊說成見，因而解風雨篇爲一首淫詩。他們則認爲此詩是描寫妻子於風雨之夜，苦盼夫婿。而夫婿乃於風雨中歸來的快慰心情。眞是別有見地。

又如續集鄭風〈女曰雞鳴〉篇，作者擺脫了毛序的「刺不德」，朱傳的「賢夫婦相警戒」等道學先生的說法，並認爲姚際恆的「夫婦幃房之詩」的說法亦有未妥。而旁證博引了聞一多屈萬里諸氏的釋義，細細玩味詩文本意，解釋此詩爲一對未正式結婚的青年情侶，補行贈佩、委禽、合巹等禮的情態。全詩以對話方式，寫出他們蜜月愛情生活的興奮快樂。這解釋既有根據，又合情理，並重視了古代社會的生活形態，古代民族的文學趣味，賦予此詩以嶄新的面貌，也許就是它的本來面貌，實在是難能可貴。

全書中似這樣卓越的見地，精闢的解釋，隨處都是，足見他們研讀的客觀與深入。主要的是他們能全部擺脫門戶之見，就原詩虛心熟讀，徐徐體味出詩文本意來。並辨別各篇各類以至一字一句的異同，以求其特徵與共相。同時仍得覆核以前各家舊說，作客觀的研判，是則從之，非則正之。若一意標新立異，縱使可以聳動視聽於一時，到底還是站立不住的。

於初集自序中，他們介紹了瑞典漢學家高本漢的科學方法兩步驟（見初集第四頁），認爲第一步驟的工作，馬瑞辰高本漢二氏有最高的成就，可作爲參考，第二步驟的工作，則在清代學者中，以姚際恆方玉潤二氏用力最勤。糜氏夫婦就是遵循高本漢的科學方法，綜合朱崔馬高姚方六人之業績而獲得新成就者。

於續集所收糜先生的〈孟子與詩經〉一文，對孟子的讀詩法「故說詩者，不以文害辭，不以辭害志，以意逆志，是爲得之。」加以闡述說：「孟子要我們從原詩的一個字一個詞到一句一章一篇地仔細玩味，以體會出作詩者的原意來。」（見續集四〇九頁，讀者可以參閱。）他們並在雲漢的評解中，予以補充說：「所以我們讀詩，重在玩味原詩字句，以推求詩意。至於前人成說，如詩序所提供的各篇時代與作者及詩旨等，我們要小心求證，無證不信。沒有佐證，寧可闕疑。求證則要向鄭玄以前的古籍中去探尋。魏晉以來新發現的材料可靠性較弱，不可輕易採信。這是我們研讀詩經所要遵守的方法。」於此可以知道糜氏夫婦研讀詩經的工作，是何等的嚴正有方。他們於反覆玩味，小心求證之際，工夫細而且深，讀這續集的七十二篇欣賞，當更可以體味得出來了。

二、五部式著述法

初續集都仿傚方玉潤詩經原始的五部式⑴小序⑵原詩⑶主文⑷註釋⑸標韻改為⑴小序⑵原詩⑶今譯⑷註釋⑸評解（初集稱文主），對於讀者的研習，極為便利。小序兼採戈提斯（Dr. Robert Gordis）英譯雅歌題後詩前的開場白式，先把原詩作個簡明扼要的介紹，繼之以活潑風趣的今譯，詳盡的註釋。尤其可貴的是評解（主文）內容之豐富，見解之精闢。例如初集〈生民篇〉主文談希臘印度中國史詩和神話，〈噫嘻篇〉主文將舊約雅歌、印度吠陀讚歌和《詩經》的〈國風〉作一比較。以研究印度哲學文學專家的眼光，分析詩經，對我國這部偉大的史詩，貢獻更多。又如續集第五篇雲漢評解對寫作技巧的研究與欣賞，可說已至登峯造極之境，予學者以無窮的啓迪。二十九篇桑中，三十篇伐柯評解，對諸家註釋的批評取捨，證之以周代社會禮俗，最後對桑中篇下結論說：「故此詩非刺奔刺淫，乃刺自誇美女期我要我送我者之妄想耳。」否定了毛序朱傳的成說，恢復此篇〈里巷歌謠〉，與〈男女相與歌詠〉的本來面目。於伐柯篇，推翻了「美周公」的舊說，將首次兩章都解作比與賦，確定爲詠婚姻，描寫新娘進門時一片喜氣揚揚的景象。這種新的欣賞觀點，越發顯出了詩經的時代意義。

三、今譯工夫

在三千年前，詩經原應該是當時的口語文學，（尤其是國風之部），可是到了三千年後的現代人心目中，卻是古典文學。許多難字難句，費了歷代學者多少考證揣測，卻因爲時地的變遷，究竟是什麼意義，無法起古人而問之。所以自漢儒以下，解經都未免有牽強附會之處。即以朱熹的善疑，尚不能全部擺脫舊說。糜氏夫婦乃遵照高本漢的科學方法，參酌各家註釋，更依據先秦時代的社會風俗，心理人情，婉轉體會，然後採取民間歌謠，五七言長短句，五四以來流行的白話詩體，惟妙惟肖地翻譯出原詩的奧妙精微之處。以口語文學還它口語文學的面貌。誠如蘇雪林教授所說的：「量體裁衣，按頭製帽，是以每首詩都翻譯得如初搨黃庭，恰到好處。並且常有出人意外的神來之筆。」

讀初續集的今譯，處處令人有身歷其境之感。例如桑中篇，就是採用民歌體的，茲抄錄原詩今譯第一段，以便欣賞：

爰采唐矣？（**女聲問**）你到那兒去採蒙菜啊？

沫之鄉矣。（**男聲答**）我到沫邦的鄉下採啊。

云誰之思？（**女聲問**）你想追的是誰家姑娘啊？

美孟姜矣。（**男聲答**）漂亮大姊她姓姜呀。

期我乎桑中，（**衆聲合唱**）她約我在桑中，

要我乎上宮，　她邀我去上宮，

送我乎淇之上矣。　她送我到淇水上啊。

糜氏非但把朱子所謂「男女相與歌詠」的民歌風格譯出，而且把桑中詩裏對約女郊遊者的嘲弄意味也活生生地表現在眼前，工夫的高超，可見一斑。

今日流行歌曲的曲子單調，歌詞膚淺貧乏，有識之士無不有此同感。而歌星卻如雨後春筍，蓬勃地產生。爲了復興固有文化與推廣社會教育，作曲家與作詞家們，大可參

考麋氏詩經今譯的美妙口語，鏗鏘音調，表現出中國人自己的民情、風俗與感情，才是眞正屬於中國人的流行歌曲。這是我附帶的一點感想。

據我所知，麋氏伉儷寫詩經欣賞，有時各選一篇寫完後交換著修改潤飾，（有些兩人不同意見尚保留在註釋與評解中），有時選一篇兩人分工合作。他們爲一字一句的註釋或今譯的推敲思量，往往徘徊庭院，廢寢忘食。這種焚膏繼晷的治學精神，眞值得欽佩。

四、精確的統計

他們以狹而精的治學態度，發掘問題，以窄而深的筆觸，作精密的統計，從而獲得客觀的結論。這，從初集中麋夫人〈周漢祓褉演變考〉與〈詩經兮字研究〉二篇論文可以看出。她統計三百〇五篇中共有三壓二十一個兮字，而李一之的卡片所得，只有二五六個兮字，少登記了六十五個之多，其精密與粗疏的程度極爲懸殊。

更值得一提的是她爲了徹底研究詩經疊句及其影響，自詩經、詩、詞、曲以迄於近代流行歌曲中，找出各種疊句形式，比較研究寫成十二萬字的《詩詞曲疊句欣賞》一書，爲疊句研究開闢了新天地。（此書由三民書局出版。）

他們又根據朱傳本與孔疏本，將詩經各句的字數作成「詩經字句統計表」，較美國漢學家金守拙教授（Prof. George A. Kenedy）的統計尤為精確。其他如「詩經章句數統計表」、「詩經各篇章數統計表」等，都極為細密。

五、精闢的論述

糜先生的研究，著眼於基本問題，初集中的論文《詩經的基本形式及其變化》，精密地探討了詩經的形式，其結語云：「詩經是四言詩的代表，四字成句，四句成章，疊詠三章，然後樂成。」他認為詩經無論用詞、造句、與章法，都趨向聯綿性的形式，所以他又稱詩經形式的特質是聯綿體。

現在，續集中詩經研究全是歷史性的論文，偏重於歷代儒學與詩經的考察，自孔子、孟子、荀子，以迄漢代，所收論文六篇，〈論語與詩經〉、〈孟子與詩經〉，就論孟兩書中有關詩經的文字全部輯錄起來，將孔子、孟子和詩經的關係一一考察，作扼要而精闢的論述。這樣依照時代先後考察下去，一一指陳其演變，直考察到漢代齊詩學中陰陽家的色彩。漢代的考察還只開其端。至於上溯到孔子以前，因糜夫人的〈春秋與詩經〉以文長未輯入，難窺全貌，令人有「書到快意讀易盡」之憾。幸〈孔子刪詩問題的論辯〉

一文，自司馬遷史記的孔子世家敘起，中經唐、宋、明、清各代學者的論辯，直敘到現代學者的主張，最後以己意加以論斷，見解精闢，可以補償讀者之不足。

六、一點意見

糜氏伉儷的詩經欣賞是著重在文學興趣而避免長詩的困人。在初集中所介紹的，大雅生民已算長詩，最長的只有豳風七月一篇，那是全詩經中第五長詩。而這次續集，卻一下子介紹了三首長詩，即全詩經的第一長詩魯頌閟宮，第二長詩大雅抑。第六長詩小雅正月。把大雅小雅與三頌的最長詩一口氣都介紹出來，我認為還是太多了。應當循序漸進，速度不宜太快，以免國學根基較淺的讀者，或將因噎廢食。

初集中註釋，已接受讀者的提議，加用注音符號。但注音符號還是用得不多，現在續集中注音符號用得更少。許多難字的讀音，將令讀者自己去查國音字共，將來三集如能注意到這點，所有難字的註釋均兼用注音符號，那就更為完善了。有人提議注音採用國際音標，但國際音標在國內還不普遍，我認為以暫時不採用為宜。

糜氏參考方玉潤的詩經原始，略去標韻，增加今譯是高明的措施。有人認為略去標韻則詩經欣賞便顯得不很完備。不知詩經的上古音，不能像唐詩的中古音一樣標韻，因爲研究上古音是一種專門的學問，到現在上古音還不能整理得一清二楚，所以詩經還無法有正確的標韻。如果仍像清儒般用中古音爲詩經標韻，則仍是不準確的。

總之，糜氏伉儷撰寫的詩經研究，是科學方法的產品。而詩經欣賞，則是一種綜合的藝術，須有多方面的才能與經驗。撰寫時偶未兼顧周至，或不免有畝輕畝重之偏。我提出的意見只是求全的責備，不足爲病。他倆合譯泰戈爾詩集，前後費時十年。現在詩經欣賞與研究初續兩集，已花了他倆七年的時間。這次續集的成功，我們應該爲他倆也爲學術界慶賀。我還要預祝他倆繼續撰寫三集四集，完成全部三百零五篇的欣賞與研究，那將是學術界更好的消息了。

——民國五十八年八月二十日於臺北

・《詩經欣賞與研究》糜文開著。民國五十三年，三民書局出版。

永懷琦君專輯

70年代，與美國兒童文學作家

1985年以『鞋子告狀——琦君寄小讀者』獲頒行政院新聞局金鼎獎

細雨燈花落

——懷想琦君與其散文

張瑞芬

台北，二〇〇六年六月一個細雨紛飛的夜裡，高齡九十的女作家琦君在紛擾的時局中，如同一個永不可能再回來的溫暖盼望，終究離開了她的眾多大小讀者們。從一九五四年出版第一本書《琴心》至今，整整半世紀的寫作，在小說、兒童文學外，締造了三十本散文的驚人產量與無遠弗屆的影響力。和同時代的張秀亞、林海音一樣，兼有母性與童心，和對人性美善的堅持。她們小心翼翼地護持掌中的一點燭火，陪一整個時代走過黑暗，迎向不可知的未來。而如今，燈花悄然落了，無一絲聲息。那一個逝去的時代與逝去的人，給了我們怎樣的文學？

出生於一九一七年浙江永嘉瞿溪縣的琦君（潘希珍），典型第一代戰後來台外省女作家。幼年及成長皆在大陸，卻以台灣爲眞正寫作的起點。從一九四九年至一九八三年，三十餘年居台期間，正是她寫作質量最豐的時代。在台灣現代文學史（尤其是女性散文史）上，琦君以寫實精神與溫情傳統，與張秀亞的現代主義與美文變革，形成兩條並行的美麗河流。她們同樣進入文學典律，在教科書與文學選集中發散光芒，也成就了五十到六十年代女性文學的主流價值。琦君與張秀亞的重要性，這幾年從台灣文學經典選拔、作家全集編纂與眾多研討會中，愈發被凸顯出來。

琦君的文學史定位：主要是六十至七十年代，而非五十年代

從琦君的書寫起步與文友關係，恰好可以呈現臺灣戰後初期文學場域分布。外省來台女作家們普遍來自較高的文化背景與政經地位；寫作多半涵蓋散文、小說兩種文類；年齡以一九一六至一九二三年生者最多。琦君（一九一七～二〇〇六）的年齡與徐鍾珮、林海音、劉枋、王琰如、羅蘭、張秀亞、鍾梅音、胡品清、艾雯相近，和林海音、劉枋、王琰如等文友兼重要主編同在台北，同組「女作家慶生會」。而琦君與林海音，又與聶華苓、吳魯芹同是《自由中國》「春台小集」成員。

許多相關的討論將琦君列入五十年代反共時期作家，這說法看似合理，卻值得商榷。首先是琦君與同時期女作家雖多有官方身分，參與「文協」與「婦協」活動，在創作上卻不怎麼反映出「戰鬥」或「反共」氣息。從五十年代「婦協」主編的《婦女創作

集》，與同時期張漱菡編女性小說《海燕集》略可見出。其次是琦君寫作初期小說多於散文，整個五十年代散文寫作成果，只有一本散文／小說合集的《琴心》。這第一本著作，還是琦君自費出版，騎著自行車到書店挨家寄售，五千本賣完即絕版的。在當時女作家中，艾雯、鍾梅音、張秀亞散文的產量與成熟度都比琦君高出許多。

琦君的文學史定位，主要是六十至七十年代，而非五十年代。她開始以散文名家，並眞正於台灣文壇建立重要性，是一九六三年的《煙愁》以後，包括《紅紗燈》（一九六九）、《三更有夢書當枕》（一九七五）、《桂花雨》（一九七六）及其後諸多散文集。她最好的散文作品都出現在六十至七十年代，散文集《煙愁》，不僅是琦君鄉愁憶舊散文的代表作，爲她獲得一九六四年「文協」散文獎、一九九九年台灣文學經典的殊榮，也是鄭明娳教授七十年代中期以〈談琦君散文〉首論琦君散文，所根據的最主要文本。

懷舊散文：琦君獨特的時代背景與個人風格

鄭明娳〈談琦君散文〉指出，琦君散文寫得最出色的是懷舊文。人物本身雖重現，但事件多不重複，如司馬遷《史記》的互見法，讀者不覺複沓，反有層疊而出的多角度感受。傷別懷舊，感物思人，在戰後第一代渡海來台的女性散文中，本爲主要寫作題材。張雪茵、葉蟬貞、艾雯、鍾梅音都有不少動人的佳篇。琦君的憶舊體，表現在短篇小說上往往主題勝於技巧，並不算太成功。開始以人物爲主體，才奠定了「懷舊散文」的基業。從最早《琴心》中的〈金盒子〉（寫早夭的大哥）、〈聖誕夜〉、〈油鼻子與父親的旱菸筒〉、〈一生一代一雙人〉、〈家庭教師〉諸篇，到散文集《煙愁》全面轉向散文寫作，並確立了以人物爲懷舊主軸的齊整體制。琦君至今最爲膾炙人口的佳篇，有許多出自《煙愁》，例如〈阿榮伯伯〉、〈三劃阿王〉、〈毛衣〉。在琦君三十部散文中，《煙愁》、《三更有夢書當枕》、《桂花雨》、《留予他年說夢痕》、《一襲青衫萬縷情——我的中學生活回憶》，就內容與體制而言堪稱最佳。

琦君六十年代的散文，無疑當以《煙愁》爲代表，七十年代則由《三更有夢書當枕》（一九七五）、《桂花雨》（一九七六）拔得頭籌。之後，出版過專欄雜文《細雨燈花落》、《琦君自選集》、雜文《讀書與生活》後，《千里懷人月在峰》、《與我同車》標示了七十年代末在美時期的異鄉悵惘。饒富深意的是，台灣之於琦君，從當年的異地變成了思念的故鄉。遙念親友，竟也寫出了一個散文轉折來。《千里懷人月在峰》、《與我同車》中，令人印象最爲深刻的〈一襲青衫〉寫孤貧的中學老師，〈春風化雨——懷恩師夏承燾先生〉憶昔日恩師，〈花開時節喜逢君〉寫沉櫻與簡宛，都是情眞意摯，感人至深之作。

一九八〇年琦君出版《留予他年說夢痕》，自美返台，並執教中央大學中文系。《留予他年說夢痕》佳評如潮，並繼《煙愁》、《三更有夢書當枕》、《桂花雨》之後，成爲她最重要作品之一。歷經時間的淬煉之後，人生閱歷的深厚，使琦君文字顯出極強後勁。如飲醇醪，醉後方覺。《留予他年說夢痕》寫於琦君客居紐約的最後半年，「夢裡不知身是客」之感，竟從台灣移置到了美國。《煙愁》、《三更有夢書當枕》、《桂花雨》是六十至七十年代居台灣而思故鄉永嘉瞿溪，是琦君憶舊散文的出發點，而《留予他年說夢痕》及其以後作品，則是八十年代在異國對台灣的繫念。童年是一個夢境，遠方是另一個，由是交織出兩重夢境的奇異世界。她寫魂牽夢縈的親人（〈母親的書〉、〈大圓桌上的蒼蠅牢〉、〈香菇蒂〉、〈夢蘭〉懷念母親），也寫鄉村友人凱蒂、美國養老院老嫗、葉倫修女、華府訪沉櫻（〈異國故人情〉、〈忘憂之日〉），甚或客途逆旅中的小友——老鼠、蜘蛛、蜜蜂和鄰家小犬（〈鼠友〉、〈閒居偶拾〉）。寫丈夫（〈「三如堂」主人〉）、電影明星與故鄉廟戲（〈電影‧明星〉、〈「白蛇傳」的回憶〉）。一杯釅茶裡，把永嘉農村、台灣文友和美國紀聞巧妙串起（〈茶邊瑣語〉）。半日優閒，十年塵夢，琦君的散文至此，悠悠有陳厚之味。明朗又有所斂藏，自然中多有節制。楊牧謂《留予他年說夢痕》優雅細緻處似冰心，悲憫冷靜如魯迅，並認爲她「寓嚴密深廣的思想感情於平淡明朗的文體之中」，「烈火生青焰，冷水爲增冰，如陳酒之醇，如老薑之辣，或如琦君憶舊文章中所提到的『陳勝德的八寶茶』，良方一味，涼沁心脾」，堪稱對琦君散文高度讚揚之辭。

一九八一年出版《母心似天空》後，琦君隨夫婿工作赴美長住，之後又有《燈景舊情懷》、《水是故鄉甜》、《此處有仙桃》、《永是有情人》。琦君健筆不輟，生命力驚人。穿越八十到九十年代，她在此一時期的創作中，透露出不少以往鮮為人知的文本細節，如〈萬水千山師友情〉寫夏承燾師；〈父親的兩位知己〉寫劉景晨、楊雨農；〈一點心願——寫作四十年〉把自己寫作的心路歷程和盤托出。《一襲青衫萬縷情——我的中學生活回憶》（一九九一），匯青春歲月、學生生涯的師友文章為一帙，更是不可錯過的一本精選集。

「冰心」傳人？琦君對台灣戰後女性散文的開創性

許多學者將琦君散文取與冰心的「溫柔散文」並論，視之爲五四散文的分流與支派。表面看來她們二人一樣博愛，同樣歌頌理想的世界，有威風凜凜的軍官父親與具傳統婦女美德的母親。具中國傳統風味，溫柔婉約，並同樣寫有「寄小讀者」系列。冰心和琦君都上過基督教教會學校，也都有美滿的婚姻與家庭，從無「做人」與「做女人」

之間的矛盾和困境。事實上，琦君與冰心的散文語言並不相近。冰心（一九〇〇～一九九九）散文以文言爲底，優雅細緻，有時帶一點文藝腔，爲道地「美文」一路。早年寫詩，冰心的文字因之特具音律與節奏性，赴美求學，又使冰心文字和氣質顯著西化，這些都是琦君散文所無之特質。

琦君晚冰心十七年出生，自小在永嘉瞿溪和杭州二地居住，後入之江大學中文系，抗戰中返滬續學。一九四一年琦君大學畢業，曾短期在上海匯中女中及故鄉永嘉縣中任教，一九四九年來到台灣。琦君和北方幾無淵源，和五四運動亦無關係，私塾時期即開始寫語體文。琦君的家學與師承（夏承燾），使她較爲保守與傾向國學。琦君雅愛詩詞，然而在散文中表現爲一種「文從意順」的平易口語，往往在平實中見意念之深邃。

琦君的散文，和冰心一樣有著對母親的無盡思慕，鄉愁與思親，幾乎也都成爲寫作的發端。然而隔海思親，書寫鄉愁時的琦君是飽經離亂後的中年，與冰心早期詩文中青春年華，且志氣飽滿諸多特性也不完全相符。此外，《寄小讀者》是冰心早年赴美進修時，以孩童的大姊姊身分託寄鄉愁所寫；《琦君寄小讀者》卻是以老奶奶的慈祥，寫給國內的小讀者的心情故事，書名雖一，亦頗爲異趣。

琦君能否稱爲冰心的傳人，或代表五四文學到台灣的傳承，雖待討論，然而她由於專擅散文，在戰後初期女作家中的地位因此無可移易。蘇雪林、張雪茵、鍾梅音的散文較文言古典氣；張秀亞、艾雯則細緻優雅，以美文技巧取勝；林海音、徐鍾珮是新聞眼兼俐落筆，中性而乾淨。琦君散文在五十年代，初始並不起眼，然而穿越六十年代以下，逐漸取得主流位置。她的懷舊主題，是離亂傷情經過沉澱後的反芻，隔著渺遠時空的人性呼喚，在不同時代中，撼動了無數人的心靈。平白如水，卻是流不盡的菩薩泉，其味醰醰，遠勝瓊漿玉液。白先勇說得好，讀過琦君，「沒有人會忘記二媽頭上耀武揚威的髮髻，是如何刺痛著琦君母親的心」。更令人心驚的是，琦君在半世紀後對讀者道出這樣的祕密：「我筆下的母親，其實是對我有天高地厚之愛的伯母。」琦君的溫厚存心，內斂自持，以一整個人生作爲基底，成就了溫情文學的極致。

就台灣戰後女性散文的發展而言，琦君堪稱代表主流價值，溫情傳統，與承繼五四新文學以下的寫實精神。那夢之火焰，閃爍而又熄滅，正如張秀亞所言，「寂寞的歌人，倚著綠色的籬樹放歌」。琦君及那一個逝去的時代，給了我們這樣永遠的文學。

——原載民國九十五年七月《文訊》

（本文作者為逢甲大學中文系教授）

以詞訂交

——憶琦君二三事

樸月

「琦君阿姨去世了！」

聽到這個消息，使已爲爸爸正在榮總加護病房與生命拔河而心力交瘁的我，心情更如雪上加霜。卻又慶幸：在今年春節過後，元宵左右，曾與丘秀芷專程去淡水潤福探訪過她。

一路上，我們談到幾次去看琦君阿姨令人好笑又感傷的事。她有時不太認得人，但我一提「我是樸月」，她倒是立刻十分清楚；也許因爲她未回台灣前，我到美國時，曾去看過她兩次。比起許多「久違」的朋友，讓她的印象較新且深吧？

那時，我弟弟一家住康州的橘郡，離紐澤西他們家約兩小時車程；在美國，這就算相當近了。我去時，都是由我弟婦開車，還帶著我的小侄女世琳。喜歡小孩的琦君阿姨，還跟小世琳玩「挑繩」的遊戲。一老一小玩得不亦樂乎。「琦君婆婆」與當時七歲的「小世琳」因而成爲眞正的「忘年之交」。

我們去時，本來因爲怕給他們二老添麻煩，都沒準備在他們家吃飯。而她捨不得我們走，總堅持要我們吃了飯才許走。就由李伯伯開著他的老爺車帶我們出去吃館子。其實吃倒是其次，主要的是因而得以多聚一陣子；在美國定居的他們，顯然日常生活不免清寂。她就曾感嘆地說過：

「住在這兒，離誰都遠！見見老朋友都不容易！」

幸而她的人緣非常好，即使不容易見面，與文友間的「熱線電話」倒是不斷線的。文友們到紐約，也總不會忘了去探訪他們，爲他們的生活帶來歡樂與驚喜。

二〇〇四年，我又陪家父到美國去探親。那時我弟弟已遷居北卡州的洛麗城，距離遠了，但我們還是打算專程去探望她一次。打電話給他們時，李伯伯告訴我，他們已經決定回台灣，在專爲老人頤養的「淡水潤福」定居，正忙著搬家。因此，我們也就沒去打擾，而相約等我們也回台灣時「淡水見」。

回台灣後，我也曾分別約了不同的朋友去看過她幾次。有一回，正當「格林」爲她出版的《玳瑁髮夾》出版。我陪著「格林」的張玲玲、爲她繪本畫插畫的黃淑英姊妹、在《聯合報》任職的朋友孫金君同去看她。雖然有些新近的事她不太記得了，總問：「我現在在哪裡呀？」但與她一起翻閱新書，看到書中的圖片，談起書中幾個她幼時身邊的人物，她卻記得清清楚楚，如數家珍。

上一回是陪張秀亞阿姨的女兒，也是她的乾女兒于德蘭去看她。提起德蘭，她總是笑咪咪地說：

「德蘭是個小娃娃！」

這應是她留存在腦海中的深刻印象；她初見德蘭時，德蘭當然還是個「小娃娃」。讓人不由感歎時光飛逝。事實上，當年的「小娃娃」德蘭也已近望六之年，比我還大十天呢！

每回我們去，她總是捨不得我們走。有一回，還拉著我「撒賴」，說：

「你說了你不走的！」

我好言好語哄她說：

「我下回再來看您。」

她馬上追問：

「哪一天？」

我想，她眞的是太寂寞了！李伯伯也說，平時她常說頭暈，這不舒服，那不舒服的。但一有朋友來，就高興得什麼病也沒有了！還總跟朋友「告狀」，說李伯伯如何「管」她，不許這，不許那的：

「對我好凶！」

口中說著這樣的話，臉上的表情卻洋溢著幸福的愛嬌。李伯伯就在一邊笑，說她不聽醫生的話，只好由他來做壞人！我們也哄她，李伯伯管她都是爲她好。她就「修正」方才的說法，說李伯伯「面惡心善」。

提起這些事，我跟秀芷感慨：

「也只有我們『中生代』還能跑跑了；她同一輩的，也都老了，自顧不暇。下一代，因她出國太久，又沒有多少交集。」

那天正當元宵前後，秀芷還帶了紙雕的小狗花燈，當場爲她拼湊安裝。她在一邊看秀芷做花燈，笑得好高興！那一張樂開了的笑臉，像孩童一般的歡天喜地，爛漫無機。

當天，正好出版社將宇文正爲她寫的新書《永遠的童話》送達，李伯伯拿出來送我們。正好我也帶了我的新書《鹿橋兩未央》送她，笑說我們正好彼此「交換」。李伯伯還開玩笑：

「這樣的交換，你可吃虧了；你的書那麼大一本，我們的是本小書！」

我和秀芷請簽名，她高高興興地爲我題寫：

「樸月妹惠正」、「琦君敬贈」、「九五、二、九」。

她深受中國式的禮教薰陶，待人總是溫厚謙退的。所以雖然從相識起，我一直喊她

「琦君阿姨」，她卻總稱我「樸月妹」。

屈指數數，我們相識應該是二十四年！那時，我才剛出我的第一本書《梅花引》，而她已是名滿華文世界，與張秀亞阿姨並稱「散文雙璧」的名作家了。但很特別的是：我們之間訂交，卻出於她主動！

《梅花引》是我在《中國語文月刊》上「詞演示」專欄的結集。「演示」者，可以說是用一篇完整的散文來演繹詮釋一首詞。這構想出於先姨父趙友培先生。由於他知道我從小喜愛「詞」，雖非學院出身，卻在這條路上，摸索自學了二十餘年。他認爲，「非學院」正是我的「優點」；沒有「師門」的「包袱」，反而海闊天空，可以自由揮灑。因而「內舉不避親」地將這新闢的專欄給了當時還沒有什麼寫作經驗的我。這一機緣，開啓了我的「文學寫作事業」。所以當別人問起我的寫作經歷，我總說：我是先有了「專欄」才開始寫作的。這種福緣，恐怕「無例可循」。後來，才開始寫散文，偶爾也在《中副》發表作品。

《梅花引》的序，是姨父親自寫的。張秀亞阿姨基於提攜後進，又對我這個生長於現代，卻是古典文學薰染長大的「小朋友」一向有些偏疼。自願爲我的新書寫「跋」，並在《中央日報．晨鐘》發表；其中當然有不少的溢美之詞。

是秀亞阿姨的「跋」引起琦君阿姨的注意吧？後來，她告訴我，她過去曾看過我幾篇在《中副》發表的散文，對「樸月」留下很好的印象。又見到秀亞阿姨的「跋」，知道這「小朋友」的新書，主題竟然是「詞」！非常高興。見到當時《中副》的主編孫如陵伯伯時，就跟他要我家的地址和電話。孫伯伯的答覆卻是：

「你知道我們是不把作家的地址、電話給人的。如果你想找樸月，寫封信到中副來，我們會幫你轉。」

她氣得去向張秀亞阿姨「抱怨」：

「他又不是不認識我！我也不是閒著無聊，無故騷擾女作家的男人呀！」

張秀亞阿姨聽了也笑不可抑，打電話跟我說這件事，並把她的地址給我，要我送她一本《梅花引》，並寫一封信向她致意。秀亞阿姨說：

「你是晚輩，理當你先寫信給她，並送她一本《梅花引》請她指教，謝謝她對你的厚愛。」

不僅如此，秀亞阿姨還特別請了一次客，請了不少女作家與會。但她們大概不知道，這一次的客其實是爲我請的；不僅是爲了讓我跟琦君阿姨見面，也爲了把我引介給文藝界的長輩們認識。我進入文藝界，一路行來，一直深受長輩們的關愛照顧，其中很大的一部分原因在此：是素以人品、文品爲人敬愛尊重的秀亞阿姨把我帶進文藝圈的！因此我成爲他們「愛屋及烏」的受惠者。

跟琦君阿姨終於見了面！我們都很高興。一位阿姨見到我們正在談話，她顯然知道我們初識，就笑著對我說：

「見到人人仰慕的名作家琦君，你一定很高興吧？」

我還沒回答，琦君阿姨卻率直糾正：

「你說錯了！秀亞介紹我們認識，不是因爲她仰慕我，是因爲我仰慕她！」

我爲之愕然；她是在文藝、學術兩方面都爲當世推重，享有盛名的作家！我卻才初出茅廬。她竟說出這樣的溫厚謙遜的話來，還說得那麼坦然自在！

我與她見面的機會並不很多，但從那時起，我們開始通信。我們信中的主題，常不是她最著名的散文，而是我們共同的喜好：「詞」！那時，她的《詞人之舟》出版不久，我在書中發現一個錯誤：詞牌〈更漏子〉被誤植爲〈河傳〉。我在信中坦誠地指出這個錯誤。她立時承認失誤，不但沒有因而不悅，還表示很高興、感謝，並希望我將我手中這本加了眉批的書給她，而由她寄一本新書跟我交換。所以現在我手邊《詞人之舟》是有她親筆簽名的，原因在此。

和許多與我同年齡層的讀者一樣，我對她的散文名篇都耳熟能詳。她的小說不多，其中一篇〈長溝流月去無聲〉，我十分喜愛，曾在讀後塡過一闋〈金縷曲〉。在相識之後，不揣「班門弄斧」，冒昧地將這闋〈金縷曲〉寄給她看：

枕上殘更數，夜沉沉，漏長夢短，總成淒楚。凌亂茶煙寒碧裊，抵似秋蓮倍苦。怕尋問、情歸何處？鏡影催人青鬢改，拚今生一任芳華誤，終不悔，維君故。十年烽火關山阻。憶當時，春風絳帳，驀然相遇。攜手暗香疏影裡，翦雪烹茗裁句。弄玉笛憑猜眉語。莫教長溝流月去，守心魂留月花間住。凝望斷，天涯暮。

寄出不久，就接到了她的〈金縷曲〉和韻：

往事那堪數，嘆年年，秋燈煮夢，萬般酸楚。問到梅花惟一笑，笑我此心悽苦。休回首、銷魂舊處。枕上淚痕書裡字，任無情翻被多情誤。千重恨，總如故。天涯歸路狼煙阻。悔當初，西泠橋畔，何因相遇？湖水湖風涼不管，剪燭西窗聯句。更幾度傾杯細語。雪水煮茶茶味永，奈長溝流月去難住。短笛裡，斜陽暮。

多年後，提起此事。她說，因爲搬家，許多的東西都找不到了。我還特別將兩闋詞都印出來寄給存念。在「琦君研究中心」來信找她的手稿資料時，我也特將她和韻的詞影印了提供。

不知道她有多少詞作。但對我來說，曾與她「唱和」，擁有她親筆寫贈的詞稿，卻是非常大的喜悅與榮幸。這種榮幸，想來也是屬於少數人的吧？因爲，我們不僅是忘年「文友」，還是「以詞訂交」的「詞友」呢！

（本文作者為歷史小說作家）

琦君的二百二十封信

——外一章

黃文範

一九七六年四月八日，中華民國筆會在台北市圓山大飯店舉行筆會會議，中場休息時初識琦君，我對這位溫文儒雅的散文家，慕名已久，締交之後，竟成莫逆，長達四分之一個世紀。

平常我們聯繫，都爲面敘或電話，直到她隨唐基移居美國後才開始通信。參加「送琦君最後一程」歸來，細數她給我的信，從一九七九年到二〇〇一年，共爲二百二十封。但因爲這段期間工作異動與住處遷移，一定失落了不少，舉例來說，有幾年中她的來信爲個位數，一九八〇年到一九八三年更是一片空白。以我們魚雁往還的頻率來說，一年中十二封信應屬正常，二十年中該爲兩百四十封到三百封左右，幸而還留存了這二百二十封信，成爲她「在美國的心聲」之一，是一份彌足珍貴的資料。她的每一封信，都寫得麻麻密密，總在一千字以上，有的多達四五頁稿紙，論質量足可以出一本《琦君美國書信集》了。

含著感喟清理這些函件，便省悟到胡適力主所有信件及文字，一定要注明年份的重要性。在琦君的來信中，只有五封注有年份（唐基的信文如其人，一板一眼寫出年份），其他便只有細查信封上寄出時日的郵戳與到達台灣的落地戳了。信紙與信封沒有分離檢索還不太難；然而一些信失了封套，成了「故紙」，完全查不出年份，竟達二十八份之多。

琦君的來信，旅途用風景明信片，平時使用郵簡，但並不多，絕大多數都用航空信封，絕不用海運平寄。信紙則各種紙張都有，白紙與筆記本的黃頁都有，用得最多的爲稿紙，她曾在信中說過前兩種紙厚，航空郵費高，喜歡用薄薄的稿紙，吳涵碧和我都試印這種稿紙寄給她寫稿寫信，成爲她的專用。

琦君的信一律都是直行，一九八三年八月二十四日，她試圖打破舊習慣「今天試試練習橫寫，看是否可以寫得像個字。」在頭一頁正反面都橫寫了以後，到第二頁還是改成直寫「很抱歉，橫寫手好瘦，只好再改直寫了。」她所有的來信中，便只有這一張橫寫，自嘲字寫得像「八腳蟹」。

在這些信中，我們家事、國事、文壇事無所不談。她對舍間也極關心，頻頻問孩子的學業成績，一直說不要給太多的壓力，由他去自由發展。有次談到舍間收養的小狗

「小黃」，對下班歸家的我吠叫，人狗因而不睦非常關懷，要我如何與牠接近，要搔牠的下巴以示親近，怕我不知道部位，畫了一隻小狗，還以矢標指示手搔的位置何在。

《琦君寄小讀者》書中，琦君的圖文並茂，她的插畫線條簡明質樸，筆觸十分溫馨，大有豐子愷的筆意，充分流露出她的赤子之心。封底右上角的那隻小貓，尤其可愛。她畫給犬子「運湘小弟」一幅小貓戲葉的圖畫，彌足珍貴。

琦君與我談得頗多的，便是一位深慕中國文化的美國女作家譚瑪莉（Mauy Tanenbaum），她不識中文，但卻對中國畫認識頗深，得琦君的協助，曾在一九八幾年代中來台旅遊訪問十多天，不但一償夙願，見到了范寬「谿山行旅圖」的眞跡，還會見了蔣復璁、葉公超、彭歌、何凡、林海音、魏景蒙等當代的學者文人，收穫極爲豐富。她在《基督教科學箴言報》上所發表一系列有關中國文化的散文，也由我譯成中文，在《中華日報》副刊上發表。

琦君定居美國後，與譚瑪莉，接觸較多，不時在紐約市一處「瀑布邊」會面晤談。譚一心想藉琦君的影響力，使她這些已譯成中文的散作，能在台灣結集出版。每見一次面，琦君往返要耗上三四小時，赴約時還興匆匆帶了自製的滷味，可以兩個人邊吃邊聊，而譚瑪莉卻只帶對礦泉水以赴。殷張蘭熙曾在台北招待過她，可是殷訪問紐約，琦君告知譚瑪莉，譚卻寂無回應。使得重視友誼與情義的琦君認清了這段不對稱的交誼，而逐漸斷絕了來往，要唐基在電話中裝成是新遷來的日本訪客，說琦君已不在美國了，以茲拒絕往來。

一九八八年五月底，琦君從台北回紐約，我們一家人送她到中正國際機場，到達時才發現她一個手提化妝箱失落了，我便駛回台北市忠孝東路她原來的住處，找到了再趕回機場，剛好在她登機前一刻送到，有驚無險。事後我將這一段經過，寫成了一篇〈飆車百里〉以誌其事（編按：〈飆車百里〉列入文後，成為「外一章」）。琦君來信說看到了這篇文字，其中我提到她「正在默默念佛」因爲她知道要在這有限的兩小時中，往返台北市到桃園機場這一程，深恐我開車發生危險，而在默默念佛保佑，使我深深感動。信來了她又說「我沒把這件事告訴唐基，我好怕他。」使得我哈哈大笑。

琦君在美國，慕名拜訪的客人不少，使她頗爲爲難，還提到一位女作家，從上午到中午，一直到吃過晚餐還不走，想住宿過夜，十分窮於應付。又有一回，她寫信給國內一家出版社，請將她的八種書各寄四冊去，誰知道承辦人多加了一個零，一共寄了三百二十冊一大堆給她，不但存放占地方，如何處理更是麻煩。出版社負責人還順水推舟，請她代爲推銷。她說我不會開車，唐基也要上班，如何是好？又算一算要付出版社兩萬多元，足足是一張紐約飛台北的機票價了。

琦君赴美國定居，文友以爲她不會回台北了。我卻有十足的信心她會回來。因爲她遷居時，唐基以一個貨櫃運送家具行李，琦君卻將她的藏書，大部分都交給我代爲存放。她的藏書中有一套鼎文版七十九巨冊的《古今圖書集成》，我正好也有一套，只好裝箱放置在室裡。文人的書與俠士的劍，都是不可須臾離的第二生命，我斷定琦君一定會爲這些書魂牽夢繞歸來重聚。只是，琦君給我的信，到了二〇〇一年竟戛然而止，她在信中最後一句自承「我已神智不清了。」使我駭然震驚，人世中一段難得的友誼，已漸漸在她記憶中褪色淡出。蒼天！蒼天！

她雖然忘記了藏書，這壁密密麻麻的書卻沒有忘記她，二〇〇五年二月，我請唐基率領人來運走這些珍藏了近二十年的書，他要捐給中央大學圖書館。深信這一批書以及琦君的著作，會永遠活在人人心底。

飆車百里

聽說要送琦君阿姨到中正機場返美，湘兒最是興奮。他今年甫自師院實小畢業，卻早已是琦君的忠實小讀者了，琦君的每一本書他都看過，還與琦君阿姨通過信。三年前，琦君還爲他畫了一張鉛筆畫，他便貼在書桌的鏡面邊。書桌怎麼會有鏡子？原來這本是琦君的梳妝台，六年前她出國，便把這個梳妝台留給他作書桌，那是一張檜木製的精緻梳妝臺，有小巧的抽屜和一面大鏡子，他就在這個梳妝台書桌上，從小學一年級念到六年級，一直到今年要進國中，個兒也長大了，才戀戀不捨另外換了書桌。因此他對琦君阿姨是最敬佩最熟悉的了。

由於忠孝東路這一帶車輛極多，因此五月二十八日中午十二點四十五分，我們按時把車開到琦君的住處時，門口已不能停車，我便把車停得遠遠的，要莉坐在車中，以免有人來攆。我則下車帶了湘兒，上琦君的十二樓住處去幫忙運行李。

琦君看見我們一大一小依時前來送她，非常高興。湘兒十二歲，也能提得動輕一點的東西了，我們三個人便把琦君大大小小七八件行李搬到電梯中運下來。

行李搬到樓下中庭，我便要湘兒幫琦君阿姨看住行李，便到巷道遠處把車開到門口，打開行李箱蓋，要往後面上行李。湘兒立刻提了兩個小件行李往裡面放，我說：

「等等，先放大件再放小件。」

他便把這兩件拿出去，我則到中庭把琦君兩口大箱子搬上車，四個人一陣手忙腳亂搬放行李，關上車門，我這才鬆了一口氣趕緊開車，還向趕到車邊送行的何凡先生含笑招招手。

「黯然消魂者，唯別而已矣」，不過這一次我們卻沒有這種感覺，因爲近代交通實在太方便了，十八個小時就可以從紐約飛到台北。加之這次送機，一切都很順利，琦君的先生唐基先回紐約，再四交代琦君，要在一點鐘出發，因爲他那趟回紐約，也是坐的這一班飛機，在高速公路上塞過車。我們遵照他的囑咐，果然一點鐘離開，但卻毫無交通擁擠的情況，談談笑笑，眞有「一路順風」的順暢感。

車到了中正機場，把行李都卸下來，我正要把車開到停車場去時，琦君和莉卻前前後後在找一件化妝箱，我覺得奇怪，因爲從十二樓往下搬時，印象中就有這個暗灰色的圓盒啊。等到前前後後遍找無著，琦君也非常焦急，我看看錶，是下午兩點了，距飛機起飛還有三個小時，便決定要莉與湘兒送琦君去辦手續，自己開車回台北去找。特別叮嚀，不論我找不找得到，趕不趕得回來，一定要送琦君坐上這班飛機，因爲紐約國際機場，唐基他們正在等著接機呢。

要在兩小時以內，從桃園機場趕到台北跑一個來回，自己實在沒有這個把握，要把那個珍貴的化妝箱找到，那更是未知數了。

行駛在回頭的高速公路上，覺得運氣似乎還眷顧我，正是黃梅時節，今天卻陽光杲杲，雖然是週日下午，還並沒有塞車的跡象，而心中卻惦念著，找不找得回來這個小箱子。

好不容易下了建國北路高架道路，一進忠孝東路的車流，心就涼了，怎麼前前後後這麼多車，到了崇光百貨公司附近，車速更接近了蠕動，儘管車內開了冷氣，還是覺得頭熱手溼，汗水往外沁。

好不容易遇到紅燈，我搶在內側車道，一聲吱叫，車子一個左轉越過忠孝東路進了巷道，也顧不得併排停車不停車了，手煞車一拉，推開車門就往琦君寄住過的大樓裡跑，上氣不接下氣地問大樓管理員：

「請問你有沒有看到一個暗灰色的化妝箱？」

還不待他答話，一眼就看見那個化妝箱端端正正擺在他櫃台上呢，這一陣狂喜湧上心來，一連串的謝謝謝謝，提了箱子就往車上跑。

回到車上，時鐘指著三點，距離琦君進出境門還有一個鐘頭，應該沒有問題吧，四肢百骸頓時輕鬆下來，音樂聲也聽得入耳了。只是車一轉進忠孝東路的人潮車流裡，握住方向盤的手又僵硬起來，車隊不但不蠕動，根本就不動，偶爾前進個一兩公尺又停下來，時鐘一分一分過去，我又滿頭大汗起來。

一步捱一步，車子好不容易擠到建國南路邊，一個右轉竄上高架橋，這才鬆了一口氣，現在該我神了吧，誰知道高架橋上也是車輛綿綿，以一小時十五公里的速度慢吞吞前進，這時已是三點二十五分了，還沒有擠上高速公路，手指頭敲著方向盤，快趕不上了，怎麼辦？原先的喜不自勝變成了焦躁與無奈。

上了高速公路，只剩下三十分到四點了。要在四點前趕到中正機場，只有以速度爭取時間吧，右腳使點兒勁，油門增大，車子便箭似地竄了出去，時速由七十、八十、九十……車速警告器吱吱響了，不理它，一百，一百一，一百二……有車就超，想不到今年五月，輪到我來飆車。風聲呼嘯，車體輕抖，高速公路啊，今天我陪上你了。

爲了鬆弛一點精神，音響中放了一卷相聲帶，聽聽魏龍豪和吳兆南的學說逗唱吧。車窗外的景物刷刷地往後掠，正聽得入神，怎麼著，稍一不留心，竟駛過到桃園機場的南崁交流道了。這一驚非同小可，只好把車速放慢，想到還有中壢休息站可以迴轉掉頭，方始安下心來。

誰知車到了中正國際機場，停車場中密密麻麻的車海，竟無一席之地可以停車，好不容易停下車，提了這個失而復得的化妝箱，進機場大廳，登上出境站的電扶梯，剛剛向上到了樓梯口，鵠候了一個多鐘頭的湘兒，便一把搶了過去，飛奔到正在默默念佛的琦君阿姨身前去。看看時鐘，四點正了，剛好趕上她進關報到準備登機的時間。

莉在機場陪著琦君苦候了這漫長的兩小時，這時方始鬆了一口氣，我們喜笑顏開由湘兒來合照了一張送別的照片。送琦君進出境室門時，我向她輕輕說：

「琦君，妳走時送那位管理員兩千塊小費，眞是値得……」

琦君也笑了。

（範按：此文納入三民書局出版拙作《領養一株雲杉》內；又，文中的「湘兒」，現在已是三十歲的律師了。）

（本文作者為翻譯作家，散文作家）

琦君及著作得獎紀錄

民五十二年（一九六三）　獲中國文藝協會文藝獎章

民五十九年（一九七〇）　著作《紅紗燈》獲第五屆中山文藝獎

民七十四年（一九八五）　著作《此處有仙桃》獲第十一屆國家文藝獎

著作《琦君寄小讀者》（後改名《鞋子告狀》）獲金鼎獎

民七十七年（一九八八）　著作《琦君讀書》獲新聞局中小學生優良課外讀物第六次推介

民七十八年（一九八九）　著作《青燈有味似兒時》獲新聞局中小學生優良課外讀物第七次推介

民八十年（一九九一）　著作《母心・佛心》獲新聞局中小學生優良課外讀物第九次推介

民八十八年（一九九九）　著作《永是有情人》獲新聞局中小學生優良課外讀物第十七次推介

民九十二年（二〇〇三）　著作《母親的金手鍊》榮登金石堂年度TOP大眾散文類

民九十三年（二〇〇四）　著作《鞋子告狀——琦君寄小讀者》入選第四十七梯次「好書大家讀」

獲總統府頒贈「二等卿雲勛章」

民九十四年（二〇〇五）　著作《鞋子告狀——琦君寄小讀者》新聞局中小學生優良課外讀物二十四次推介

獲亞洲華文作家文藝基金會頒贈「資深作家敬慰獎」

民九十五年（二〇〇六）　著作《永是有情人》入選第四十九梯次「好書大家讀」

琦君作品目錄一覽表

論述

詞人之舟　民七十年，純文學；民八十五年，爾雅

剪不斷的母子情　民九十四年，中國語文月刊

散文

溪邊瑣語　民五十一年，婦友月刊

琦君小品　民五十五年，三民

紅紗燈　民五十八年，三民

煙愁	民五十八年，光啓社；民七十年，爾雅
三更有夢書當枕	民六十四年，爾雅
桂花雨	民六十五年，爾雅；民九十一年，格林
細雨燈花落	民六十六年，爾雅
讀書與生活	民六十七年，東大
千里懷人月在峰	民六十七年，爾雅
與我同車	民六十八年，九歌（民九十五年，重排新版）
留予他年說夢痕	民六十九年，洪範
母心似天空	民七十年，爾雅
燈景舊情懷	民七十二年，洪範
水是故鄉甜	民七十三年，九歌（民九十五年，重排新版）
	二〇〇六年（簡體字版），湖北人民
此處有仙桃	民七十四年，九歌（民九十五年，重排新版）
玻璃筆	民七十五年，九歌（民九十五年，重排新版）
琦君讀書	民七十六年，九歌（民九十五年，重排新版）

我愛動物　民七十七年，洪範

青燈有味似兒時　民七十七年，九歌（民九十三年，重排新版）；二〇〇六年（簡體字版），湖北人民

淚珠與珍珠　民七十八年，九歌（民九十五年，重排新版）

母心・佛心　民七十九年，九歌（民九十三年，重排新版）；二〇〇六年（簡體字版），湖北人民

一襲青衫萬縷情　民八十年，爾雅

媽媽銀行　民八十一年，九歌（民九十四年，重排新版）

萬水千山師友情　民八十四年，九歌（民九十五年，重排新版）

母親的書　民八十五年，洪範

永是有情人　民八十七年，九歌（民九十四年，重排新版）

小說

菁姐（短篇）　民四十三年，今日婦女雜誌；民七十年，爾雅

百合羹（短篇）　民四十七年，開明
繕校室八小時（短篇）　民五十七年，台灣商務
七月的哀傷（短篇）　民六十年，驚聲文物
錢塘江畔（短篇）　民六十九年，爾雅
橘子紅了（中篇）　民八十年，洪範

合集

琴心（散文、小說）　民四十二年，國風；民六十九年，爾雅
琦君自選集（詞、散文、小說）　民六十四年，黎明
文與情（散文、小說）　民七十九年，三民
琦君散文選（中英對照）　民八十九年，九歌
母親的金手錶　民九十年，九歌；二〇〇二年（簡體字版），中國三峽
夢中的餅乾屋　民九十一年，九歌；二〇〇二年（簡體字版），中國三峽

兒童文學

賣牛記　民五十五年，三民
老鞋匠和狗　民五十八年，台灣書店
琦君說童年　民七十年，純文學
琦君寄小讀者　民七十四年，純文學；民八十五年，健行
鞋子告狀（琦君寄小讀者改版）　民九十三年，九歌

翻譯作品

涼風山莊　民七十七年，純文學
比伯的手風琴　民七十八年，漢藝色研
李波的心聲　民七十八年，漢藝色研
好一個餿主義　民八十年，遠流
愛吃糖的菲利　民八十一年，九歌
小偵探菲利　民八十四年，九歌
菲利的幸運符咒　民八十六年，九歌

F⑦46	愛上圖書館（散文）	王　岫著	250 元
F⑦47	靠近　羅摩衍那（新詩）	陳大爲著	200 元
F⑦48	一頭栽進哈佛（散文）	張　鳳著	240 元
F⑦49	一首詩的誘惑（詩賞析）	白　靈著	230 元
F⑦50	第二十一頁（散文）	李家同著	220 元
F⑦51	九十四年散文選（散文）	鍾怡雯編	320 元
F⑦52	九十四年小說選（小說）	蔡素芬編	260 元
F⑦53	聲納——台灣現代主義詩學流變（評論）	陳義芝著	260 元
F⑦54	喇叭手（小說）	劉非烈著	230 元
F⑦55	偷窺——東華創作所文集Ⅰ（散文）	郭強生編	230 元
F⑦56	風流——東華創作所文集Ⅱ（文集）	郭強生編	260 元
F⑦57	談笑文章——夏元瑜幽默精選㈢（散文）	夏元瑜著	220 元
F⑦58	有一道河從中間流過（散文）	陳少聰著	250 元
F⑦59	漢寶德亞洲建築散步（散文）	漢寶德著 黃健敏編	300 元
F⑦60	善男子（新詩）	陳克華著	240 元
F⑦61	就是捨不得（散文）	郭強生著	220 元
F⑦62	爲了下一次的重逢（散文）	陳義芝著	250 元
F⑦63	你逐漸向我靠近（散文）	李瑞騰、李時雍著	210 元
F⑦64	紫蓮之歌（散文）	周芬伶著	240 元
F⑦65	迷・戀圖書館（散文）	王　岫著	250 元
F⑦66	放一座山在心中（散文）	蕭　蕭著	220 元
F⑦67	我看美國精神（散文）	孫康宜著	250 元
F⑦68	七個漂流的故事（小說）	洪米貞著	250 元
F⑦69	文學的複音變奏（評論）	李有成著	240 元
F⑦70	站在耶魯講台上（散文）	蘇　煒著	250 元
F⑦71	風華 50 年——半世紀女作家精品（散文）	丘秀芷編	320 元
F⑦72	喜歡生命——宗教文學獎得獎作品精選（文集）	宗教文學獎編輯委員會總企劃	360 元

F⑯上海之死（小說）	虹　影著	280元
F⑰台灣棒球小說大展（小說）	徐錦成編	220元
F⑱九十三年散文選（散文）	陳芳明編	320元
F⑲九十三年小說選（小說）	陳雨航編	250元
F⑳娑婆詩人周夢蝶（詩評）	曾進豐編	350元
F㉑麗人公寓（小說）	唐　穎著	250元
F㉒那些微小又巨大的人（小說）	劉震雲著	240元
F㉓權力與美麗——超越浪漫說女性（評論）	林芳玫著	250元
F㉔桂冠與蛇杖——北醫詩人選（新詩）	陳克華、湯銘哲編	(平)220元 (精)300元
F㉕煮字爲藥（散文）	徐國能著	200元
F㉖面對尤利西斯（評論）	莊信正著	260元
F㉗咖啡和香水（小說）	彭順台著	220元
F㉘砲彈擊落一個夢（小說）	歐陽柏燕著	220元
F㉙以蟑螂爲師——夏元瑜幽默精選(二)（散文）	夏元瑜著	220元
F㉚告別火星（散文）	柯嘉智著	200元
F㉛請帶我走（小說）	張抗抗著	220元
F㉜與星共舞（詩）	謝　青著	190元
F㉝狂歡的女神（散文）	劉劍梅著	250元
F㉞從兩個蛋開始（小說）	楊爭光著	300元
F㉟與海豚交談的男孩（散文）	呂政達著	200元
F736浮生再記（散文）	沈君山著	350元
F737不負如來不負卿（散文）	周夢蝶著	240元
F738密室逐光（小說）	李偉涵著	280元
F739我的藝術家朋友們（散文）	謝里法著	240元
F740孤獨的眼睛（散文）	龔鵬程著	250元
F741苦惱與自由的平均律（新詩）	陳　黎著	200元
F742玉米（小說）	畢飛宇著	250元
F743看地圖神遊澳洲（散文）	夏祖麗著	210元
F744逃逸速度（散文）	黃國彬著	200元
F745公主老花眼（散文）	廖玉蕙著	220元

——1991~2003文學印象（評論）

F688 打開作家的瓶中稿　廖玉蕙著　250元

——再訪捕蝶人（訪談）

F689 十行集（新版）（詩）　向　陽著　220元

F690 人間有情・義游於藝（散文）　朱　炎著　220元

F691 天臺上的月光（散文）　許婉姿著　190元

F692 成人童詩（詩）　林德俊著　180元

F693 巢渡（短篇小說）　張瀛太著　220元

F694 我帶你遊山玩水（散文）　康芸薇著　220元

F695 眞與美的遊戲：　漢寶德著　250元

漢寶德看古物（散文）

F696 亮的天（詩）　許悔之著　180元

F697 一首詩的玩法（詩賞析）　白　靈著　260元

F698 愛與死的間隙（詩）　白　靈著　200元

F699 人間光譜（散文）　劉海北著　220元

F700 人間煙火（散文）　席慕蓉著　260元

F701 哭泣的耳朵（小說）　蘇　童著　230元

F702 綠袖子（小說）　虹　影著　220元

F703 雙單行道　趙毅衡著　260元

——中西文化交流人物（評論）

F704 飄流萬里（散文）　楊　渡著　220元

F705 像我這樣的老師（散文）　廖玉蕙著　250元

F706 台灣文學的回顧（評論）　葉石濤著　210元

F707 無國境世代（散文）　黃寶蓮著　210元

F708 紅樓夢女人新解（評論）　謝鵬雄著　200元

F709 貓咪情人・PUB（極短篇）　羅　英著　200元

F710 海哭的聲音（散文）　詹　澈著　220元

F711 小蘭嶼和小藍鯨（詩）　詹　澈著　180元

F712 咖啡館裡的流浪民族（散文）　楚　戈著　250元

F713 火鳥再生記（散文）　楚　戈著　230元

F714 老蓋仙的花花世界　夏元瑜著　220元

——夏元瑜幽默精選㈠（散文）

F715 容器（小說）　木子美著　220元

九歌最新叢書

F⑥⑥②失樂園（詩集）	簡政珍著	200元
F⑥⑥③作女（長篇小說）	張抗抗著	350元
F⑥⑥④怪鞋先生來喝茶（散文）	呂政達著	220元
F⑥⑥⑤性、自戀、身分證（散文）	卜大中著	180元
F⑥⑥⑥不關風與月（散文）	廖玉蕙著	210元
F⑥⑥⑦疼惜往事（散文）	陳長華著	200元
F⑥⑥⑧島嶼邊緣（詩）	陳　黎著	210元
F⑥⑥⑨共悟人間——父女兩地書（散文）	劉再復、劉劍梅著	250元
F⑥⑦⓪女王與我（散文）	林太乙著	200元
F⑥⑦①有風就要停（散文）	李瑞騰著	220元
F⑥⑦②遠方有光（散文）	楊錦郁著	190元
F⑥⑦③眞愛與永恆——徐志摩陸小曼愛情日記（散文）	徐志摩、陸小曼著	200元
F⑥⑦④變心（短篇小說）	張啓疆著	200元
F⑥⑦⑤尋找原野（散文）	鮑爾吉・原野著	220元
F⑥⑦⑥火狐虹影（散文）	虹　影著	220元
F⑥⑦⑦上海王（長篇小說）	虹　影著	280元
F⑥⑦⑧思想的天鵝（散文）	林清玄著	200元
F⑥⑦⑨感性的蝴蝶（散文）	林清玄著	200元
F⑥⑧⓪大哥最大（散文）	古蒙仁著	190元
F⑥⑧①九十二年散文選（散文）	顏崑陽編	320元
F⑥⑧②九十二年小說選（小說）	林秀玲編	250元
F⑥⑧③紅顏淚（小說）	梅　遜著	200元
F⑥⑧④文化英雄拜會記：錢鍾書、夏志清、余光中作品及生活（評論）	黃維樑著	220元
F⑥⑧⑤手機（長篇小說）	劉震雲著	260元
F⑥⑧⑥我喜歡的親密關係（散文）	廖輝英著	180元
F⑥⑧⑦書話台灣	李奭學著	300元

琦君作品集 11

琦君讀書

著者　琦　君
發行人　蔡文甫
責任編輯　洪菁苑
出版發行　九歌出版社有限公司
臺北市105八德路3段12巷57弄40號
電話／02-25776564・傳真／02-25789205
郵政劃撥／0112295-1
九歌文學網　www.chiuko.com.tw
印刷　崇寶彩藝印刷有限公司
法律顧問　龍躍天律師・蕭雄淋律師・董安丹律師
初版　1987（民國76）年10月7日
重排增訂初版　2006（民國95）年12月10日
重排初版2印　2012（民國101）年7月
定價　240元

書號　0110011
ISBN-13　978-957-444-366-6
ISBN-10　957-444-366-3

國家圖書館出版品預行編目資料

琦君讀書／琦君著. -- 重排增訂初版.
--臺北市：九歌， 民95
面； 公分. --（琦君作品集；11）

ISBN 978-957-444-366-6（平裝）

011.69 95021242